미용실 첫 창업 따라 하기

미용실 첫 창업 따라 하기
"초보 창업자도 쉽게 따라 하는 미용실 창업 완벽 가이드"

초판 1쇄 발행 2025년 6월 5일

지은이 최상현, 김성일
펴낸이 장길수
펴낸곳 지식과감성ᵉ
출판등록 제2012-000081호

교정 주경민
디자인 김희영
편집 김희영
검수 한장희, 정윤솔
마케팅 김윤길

주소 서울시 금천구 벚꽃로298 대륭포스트타워6차 1212호
전화 070-4651-3730~4
팩스 070-4325-7006
이메일 ksbookup@naver.com
홈페이지 www.knsbookup.com

ISBN 979-11-392-2629-4 (03320)
값 17,000원

• 이 책의 판권은 지은이에게 있습니다.
• 이 책 내용의 전부 또는 일부를 재사용하려면 반드시 지은이의 서면 동의를 받아야 합니다.
• 잘못된 책은 구입하신 곳에서 바꾸어 드립니다.

지식과감성ᵉ
홈페이지 바로 가기

"초보 창업자도 쉽게 따라 하는 미용실 창업 완벽 가이드"

미용실 첫 창업 따라 하기

최상현 | 김성일 지음

들|어|가|며

두근두근, 미용실 첫 창업!

미용실 창업을 꿈꾸는 여러분, 진심으로 환영합니다! 첫 창업의 문턱에 서 있는 지금, 설렘과 긴장, 그리고 새로운 꿈에 대한 기대가 교차하고 있을 겁니다. 이 책은 그런 여러분에게 든든한 나침반이 되어 드리기 위해 쓰였습니다.

이 책은 미용실 창업의 A부터 Z까지, 모든 과정을 체계적이고 쉽게 안내합니다. 미용실 창업 전 과정에서 꼭 알아야 할 필수 정보를 단계별로 명확하고 간단하게 설명합니다. 단순한 이론 나열이 아닌, 제가 직접 9번의 미용실 창업과 150회 이상의 프랜차이즈 미용실 창업 노하우를 통해 얻은 생생한 현장 경험을 바탕으로 실질적인 도움을 드릴 것입니다. 초심자의 눈높이에 맞추어 철저히 실전 위주의 내용으로 구성하였기에, 따라만 하시면 누구나 미용실 창업의 첫걸음을 자신 있게 내딛을 수 있습니다. 임대차 계약 시 주의해야 할 사항부터, 사기당하지 않고 인테리어 하기, 네이버 플레이스 마케팅, 그리고 미용실 운영 노하우까지, 여러분의 성공적인 창업을 위한 핵심 정보들을 빠짐없이 담았습니다.

이 책이 특별한 이유

미용실 창업은 단순히 매장을 여는 것 이상의 의미를 지닙니다. 같은 시작점에서 누군가는 평범한 매출에 그치고, 누군가는 인생을 바꿀 만큼의 성공을 거두는 이유는 무엇일까요? 누군가는 몇 년간 고군분투하다 결국 매장을 정리하는 결과를 맞이합니다. 그 차이는 어디에서 오는 걸까요?

그 차이는 바로 '제대로 된 정보'와 '올바른 의사결정'에 있습니다. 사람은 하루에 평균 1,000번 이상의 크고 작은 결정을 내린다고 합니다. 그리고 그 결정들이 모여 우리의 삶의 방향을 결정합니다. 창업 과정에서 내리는 모든 결정은 미래의 성공과 직결됩니다. 전문가의 지식과 경험에 기반한 올바른 의사결정은 성공적인 창업을 위한 가장 확실한 지름길입니다.

이 책에서는 단순히 창업 방법을 설명하는 데 그치지 않고, 실질적으로 창업 후에도 여러분이 겪게 될 다양한 상황에서 현명한 결정을 내릴 수 있도록 구체적인 가이드를 제공합니다. 이 책을 다 읽고 나면 창업과 매장 운영에 자신감을 얻게 되고, 미용실 창업이 단순히 일이 아닌 자신의 인생을 바꾸는 기회임을 깨닫게 될 것입니다.

저자의 풍부한 성공 경험, 그리고 실패의 경험

저는 미용실 창업에 관련된 다양한 경험을 가진 실무 전문가입니다. 남성 전문 미용실로 시작해 프랜차이즈 미용실 오픈까지 총 9개의 매장을 직접 창업하고 운영해 본 경험이 있으며, 미용실 프랜차이즈 본사 가맹부서에서 150회 이상의 창업을 도왔습니다. 승승장구했던 사례뿐 아니라, 시행착오를 겪으며 실패한 경험까지도 모두 이 책 안에 녹여 냈습니다. 따라서 이 책은 그저 이론에만 머물지 않고, 실전에서 바로 적용할 수 있는 구체적인 내용으로 가득 차 있습니다. 이 글을 읽고 계신 분들 중에는 이미 창업 준비를 어느 정도 해 오신 분도 있을 테고, 이제 막 미용실 창업을 계획하며 정보를 수집 중인 분도 있을 겁니다. 어떤 상황에 계시든 상관없습니다. 이 책은 각자의 출발점에 맞춰 창업의 전 과정에서 꼭 필요한 도움을 드릴 것입니다.

이제 당신의 차례

미용실 창업은 단순히 매장을 여는 것을 넘어, 인생의 전환점이 될 수 있는 도전입니다. 제가 이 책을 통해 전하고 싶은 메시지는 하나입니다.

"미용실 창업 어렵지 않습니다. 그러나, 제대로 준비해야 합니다."

여러분이 이 책을 펼치는 순간, 미용실 창업이라는 새로운 길이 시작됩니다. 단순히 지식만 얻는 것이 아니라, 앞으로의 여정을 스스로 개척할 수 있는 힘을 얻게 될 것입니다. 자, 이제 준비가 되셨나요? 첫 페이지를 넘기며, 여러분의 새로운 이야기를 시작해 보세요. 여러분도 해낼 수 있습니다. 그리고 반드시 해낼 것입니다.

* 현행 우리나라 공중위생관리법에는 미용업과 이용업 두 종류를 각각 별도의 업종으로 규정하고 있습니다. 해당 책에서는 보편적으로 미용업을 중심으로 설명하였으며 별도의 설명이 필요한 경우 이용업과 미용업을 구분하여 설명하였습니다.

CONTENTS

들어가며   4

01   9번 창업 2번의 실패   12

02   미용실 창업 절차 개요   17

     2-1. 미용사 면허증이란?   24
     2-2. 위생교육이 필수인 이유?   37
     2-3. 이·미용실 영업 신고 및 영업 신고증 발급   48
     2-4. 사업자 등록증 발급   59

03   미용실 상가 임대차 계약서 작성   81

     3-1. 미용실 창업자를 위한
           등기사항 전부 증명서 알아보기   88
     3-2. 미용실 허가는 건축물대장 확인부터   96
     3-3. 상가임대차 계약 시 확인 사항   103
     3-4. 건물주 성향 파악   112

| 04 | 미용실 신규 오픈, 허가사항 | 117 |

    4-1. 위반 건축물 확인   124

    4-2. 건축물의 용도 파악   131

    4-3. 정화조 용량 확인   141

    4-4. 동일 업종 제한(상가의 관리 규약) 확인   145

    4-5. 신규 오픈 시 알아 두면 좋은 팁!   154

| 05 | 기존 매장 인수 창업(지위승계) | 159

    5-1. 미용실 지위승계(양도양수) 절차   167

    5-2. 권리 양도양수 계약서 작성   172

    5-3. 권리금 잔금 입금 전 확인사항   177

| 06 | 미용실 직거래로 매장 오픈하기 | 184

    6-1. 미용실 적정 권리금은 얼마일까?   191

07 성공적인 인테리어 전략   199

7-1. 미용실 인테리어 업체 선정   205

7-2. 인테리어 계약서 작성   210

7-3. 인테리어 견적 상담 가이드   215

08 미용실 창업의 현실
제대로 알아야 성공이 보인다   219

8-1. 소형 미용실 첫 창업의 현실   224

09 미용실 자리 왜 중요한가?   232

9-1. 상권과 입지의 차이   236

9-2. 유효수요란 무엇인가?   244

9-3. 입지 선정의 핵심 주동선 찾기   257

9-4. 소형 미용실 자리 찾기   261

| 10 | 미용실 마케팅 | 267 |

10-1. 미용실 오프라인 마케팅   270

10-2. 네이버 스마트플레이스 등록 가이드   279

| 11 | 오픈 시나리오, 미용실 창업 체크리스트 318 |

01

9번 창업 2번의 실패

누구나 미용실 창업을 꿈꿀 때 가장 먼저 '성공'을 떠올립니다. 멋진 매장, 안정적인 수익 등 기대감으로 가득 차 있기 때문입니다. 하지만 미용실 창업이란 단순히 기술력이나 열정만으로 해결되지 않습니다. 저는 미용에 입문 전 68개월간 군복무를 마치고 2곳의 회사를 거쳐 미용에 입문하게 됩니다. 그리고 두 번의 큰 실패를 통해 이 점을 뼈저리게 깨달았습니다. 실패를 통해서 새로운 눈을 열어 주는 소중한 교훈이 되었습니다.

부족했던 온·오프라인 마케팅, 노무, 세무 등 미용실 운영과 매출 향상에 필요한 능력을 키우게 되었습니다. '왜 내가 실패했을까', 이런 고민을 하나하나 해결하면서 이후 총 9번 창업의 경험을 하게 됩니다.

✂ 남자 미용실 창업, 의외의 선택

직장을 다니며 창업 아이템을 고민하던 시절, 제가 가장 먼저 세운 기준은 '1억 원 미만의 소자본 창업', '재고 부담이 적은 업종', '회전이 빠른 업종', '평생 기술로 이어 갈 수 있는 직업'이었습니다. 그리고 남성 헤어커트 시장에서 가능성을 찾게 되었습니다. 당시 미용에 대한 지식이 전무한 상태였지만, 미용사 자격증을 취득하며 한 걸음씩 준비를 시작했습니다.

결단 끝에 남자 미용실 매장 하나를 약 1억 원(권리금 6,500만 원, 보증금 3,500만 원)에 인수했고, 놀랍게도 예상치를 뛰어넘는 성과를 얻었습니다. 첫 창업에서의 성공은 저에게 자신감을 심어 주었고, 이후 저는 아홉 번의 미용실 창업과 100개 이상의 매장 오픈 컨설팅 경험을 이루어 냈습니다. 그러나 이 모든 여정이 순탄했던 것은 아니었습니다.

✂ 두 번의 실패에서 배운 사업의 본질

첫 번째 실패는 네 번째로 창업한 남자 미용실에서 발생했습니다. 당시 저는 매장 경영을 직원들에게 일임하고 외부 업무와 개인 일정을 우선하며 안일하게 운영했습니다. 그 결과, 직원들의 서비스 품질이 점점 떨어지고, 단골 고객은 이탈했으며, 결국 수익도 급감했습니다. 주인이 없는 매장의 결과가 어떻게 되는지 알게 되었습니다.

두 번째 실패는 더욱 뼈아팠습니다. 손님이 많은 '로데오거리'라는 핫한 상권에 브랜드 미용실을 오픈했지만, 저의 준비 부족은 참담한 손실로 이어졌습니다. 약 2억 원을 투입했지만, 결과는 단 9개월 만에 폐업이라는 쓰라린 실패였습니다. 뜨내기손님 위주의 유동 인구 많은 상권이 반드시 성공을 보장하지 않는다는 것을 알게 되었고, 꾸준히 고객을 확보할 마케팅과 내부 시스템 없이는 어떤 상권에서도 무너지기 쉽다는 사실을 배웠습니다.

이 두 번의 실패는 제 인생에서 가장 값비싼 공부였습니다. 창업은 단순히 돈과 기술로 성공할 수 있는 것이 아니라, 체계적인 대비와 철저한 준비가 뒷받침되어야 한다는 원리를 가르쳐 주었습니다.

✂ 성공으로 가는 네 가지 원칙

이 책은 미용실 창업에 대한 책이지만, 단순한 기법 소개에 그치지 않습니다. 창업과 경영에서 반드시 지켜야 할 원칙과 구체적인 준비 과정을 생생하게 담았습니다. 저는 이렇게 배운 원칙을 네 가지로 요약합니다. 매출 = P(Price) × Q(Quantity) 공식을 누구나 알고 있습니다. 핵심은 Q, 즉 수요 창출에 역점을 두고 최선을 다해야 합니다.

1) 마케팅으로 수요 창출

요즘은 오프라인보다 온라인에서 승부가 납니다. SNS나 지역 커뮤니티, 리뷰 기반 홍보가 갖추어지지 않으면 고객을 얻기 어렵습니다. 네이버 플레이스, 인스타그램, 유튜브 등을 활용해 미용실의 매력을 시각적으로 전달하고, 고객의 기대치를 한 차원 끌어올려야 합니다.

2) 차별화된 콘셉트 수요 창출

미용실은 이제 포화 상태의 시장입니다. 따라서 고객의 기억 속에 남을 수 있는 독특한 브랜드 스토리와 콘셉트가 필요합니다. 타깃층 맞춤형 서비스, 창의적인 부가 서비스(예: 눈썹 정리) 독특한 인테리어 등으로 나만의 차별화를 만들어야 합니다.

3) 철저한 상권 분석으로 유효수요 창출

창업에서 입지는 성공 확률을 가장 크게 좌우합니다. 유동 인구만 많다고 해서 좋은 입지가 아니며, 지역의 고객층과 라이프스타일에 적합한 상권을 선정해야 합니다.

4) 시스템과 직원 관리로 재방문 수요 창출

MOT(Moment of Truth), CS 시스템은 누가 운영해도 일정한 고객 퀄리티를 유지해야 합니다. 고객 관리나 직원 동기부여 툴, 매출 관리 시스템을 어떻게 나에게 맞게 설계할지 고민하고 실행해야 합니다.

저는 9번의 창업을 통해 실패와 성공을 반복하며 많은 시행착오를 겪었습니다. 어떤 성공도 우연으로 이루어진 것이 아니라, 수없이 고민하고 도전하며 배운 결과였습니다. 예측한 수익성을 검증하고, 현실적인 문제를 해결하는 과정에서 경험은 자연스레 노하우로 변했습니다.

 이 책은 단순히 성공 사례만 설명하거나, 한두 가지 기법만 소개하는 책이 아닙니다. 100회 이상의 미용실 창업과 운영 경험을 통해 검증한 실제 사례와 실질적인 전략을 담았습니다. 창업을 고민 중인 분들, 이미 운영 중이지만 성장이 더디거나 어려움을 겪고 계신 분들에게 이 책은 실질적인 '운영 매뉴얼'이 되어 줄 것입니다.

 미용실 창업은 단순히 머리 손질 기술을 배우는 것에서 끝나지 않습니다. 상권 분석, 고객 관리 시스템, 직원 관리, 온라인화된 마케팅 전략 등 각 분야에서 종합적인 노하우가 필요합니다. 별다른 준비 없이 창업에 뛰어들 때, 성공 확률은 낮아질 수밖에 없습니다.

 여러분이 준비한 열정과 창업이라는 도전에 담긴 꿈은 실패해도 사라지지 않습니다. 문제는 그 과정에서 무엇을 배우느냐입니다. 이 책이 여러분이 시행착오를 줄이고, 한 번에 성공으로 더 가까이 다가설 수 있는 길잡이가 되길 바랍니다.

 모두의 성공적인 창업과 성장을 응원하며.

02
미용실 창업 절차 개요

미용실 창업은 단순히 기술만 갖추었다고 해서 바로 시작할 수 있는 일이 아닙니다. 미용사 자격증부터 면허증, 각종 위생교육 및 영업 신고, 사업자 등록에 이르기까지 여러 행정 절차와 세밀한 준비 단계를 거쳐야 합니다. 다음은 창업 과정에서 반드시 확인해야 할 주요 절차들을 순서대로 정리한 개요입니다. 이후 상가 임대차 계약, 인테리어, 마케팅 전략 등은 다른 장에서 자세히 다룰 예정이니, 이 장에서는 기본 초석이 되는 핵심 행정 절차에 집중해 보겠습니다.

✂️ 미용사 자격증 취득

1) 자격증 취득 필요성

 미용실을 합법적으로 운영하기 위해서는 미용사 자격증이 필수입니다(이용업으로 창업하려면 이용사 자격증이 필요). 이는 국가기술자격증으로, 미용 분야의 전문 지식과 실무 역량을 갖추었다는 점을 공식적으로 인정받는 과정입니다.

2) 자격증 취득 방법

- ◆ 필수 교육 이수: 미용학원, 직업전문학교, 관련 학과(고등학교, 전문대, 대학교) 등에서 교육을 수료해야 합니다.
- ◆ 국가기술자격시험응시: 한국산업인력공단에서 주관하는 필기·실기시험에 합격해야 합니다.

✂️ 이용사와 미용사의 차이점을 아시나요?

 미용실 창업을 준비하는 분들이 자주 고민하는 분야 중 하나가 바로 "이용사 자격증과 미용사 자격증 중 무엇을 선택해야 할까?"라는 점입니다. 언뜻 보기에는 모두 머리카락을 다루는 업종으로 보이나, 실제로 배우게 되는 기술과 향후 진출 분야가 크게 다릅니다. 따라서 각 자격증의 특징을 명확히 이해해야 본인에게 맞는 직업 방향을 잡을 수 있습니다.

1) 이용사 자격증

 이용사 자격증은 남성 두발 및 두피 관리, 면도(수염·구레나룻 정리), 두피 마사지, 일반적인 컬러 및 펌 시술 등의 작업 범위에 대한 자격증입니다.

 이용사는 남성 헤어스타일 및 면도 시술이 가능합니다. 이용사(이발사)는 전통적으로 남성 고객을 중심으로 커트·면도·염색 등 서비스를 제공합니다. 남성 머리스타일에 특화된 기술을 심도 있게 배우기에, 비교적 빠른 기간 안에 전문성을 확보할 수 있습니다.

 또한 진입 장벽이 낮아 단기간에 숙달 가능합니다. 남성 스타일은 비교적 커트와 마초(클리퍼) 활용이 핵심이므로, 펌·염색 등의 화학 시술을 복잡하게 익힐 필요가 적습니다. 따라서 퇴직자나 중장년층 창업에 유리할 수 있습니다. 은퇴 후에도 남성 전문점을 창업하기에 적합하며, 고객층이 안정적입니다. 또한 꾸준한 수요로 남성 고객은 머리 길이가 짧아 주기적으로 방문해야 하므로, 단골 확보가 용이할 수 있습니다.

2) 미용사 자격증

 미용사 자격증은 커트, 펌, 염색 등 다양한 화학 시술 관련 기술을 광범위하게 배우며, 남녀를 구분하지 않고 폭넓은 고객을 대상화할 수 있습니다. 트렌드에 예민하기에 계절별·연령별 유행 스타일, 최신 뷰티 트렌드 등을 지속적으로 학습해야 경쟁력을 유지할 수 있습니다.

 남녀 모두를 대상으로 폭넓은 시술 경험을 쌓을 수 있어, 미용실 운영 시 고객 저변이 넓습니다. 단순 커트뿐 아니라, 펌·염색·스타일링·메이크업·네일아트 등으로 영역을 넓히기 쉽습니다. 또한 미용실 인테리어·브랜딩 자유도가 높습니다. 여성 고객이 주를 이루면서 인테리어·서비스 콘셉트 설정이 다양합니다.

미용사는 숙련도·경험에 따라 기술의 차이가 확연합니다. 따라서 화학 시술(펌, 염색 등)은 숙련도에 따라 결과가 크게 달라져, 충분한 실습과 현장교육이 필요합니다. 각종 미용학원·연수·세미나 등을 활용해 다양한 실습 기회를 얻는 것뿐 아니라 실제 미용실에 취업하여 실전 경험을 많이 쌓아야 합니다.

✂ 이·미용사 면허증 발급

1) 면허증 발급 목적

이·미용사 자격증을 취득했다고 곧바로 영업할 수 있는 것은 아닙니다. 정식으로 이·미용업을 운영하려면 지방자치단체(시·군·구)에 신고하여 면허증을 발급받아야 합니다. 이는 공중위생 관리 책임을 인정받고 합법적으로 서비스를 제공할 수 있는 근거가 됩니다.

2) 면허증 발급 절차

- ◆ 구비 서류 준비: 이·미용사 자격증 사본, 신분증, 건강진단서(6개월 이내), 사진, 신청서 등
- ◆ 해당 관청 방문: 시·군·구 보건위생과(또는 위생 관련 부서)에 제출

서류 심사 후 이상이 없으면 이·미용사 면허증이 발급됩니다. 추후 영업 중에는 면허증을 비치해 두어야 합니다.

✂ 위생교육 수료 및 영업 신고증 발급

1) 위생교육 수료
- ◆ 교육 주관 단체: (사)대한미용사회중앙회, (사)한국이용사회중앙회 또는 각 지역 지회 등
- ◆ 교육 내용: 공중위생관리법, 감염병 예방, 소독 방법, 업소 내 위생관리 요령 등

미용실은 특성상 고객의 모발·두피·피부와 직접 접촉하므로 위생 상태가 특히 중요합니다. 위생 관리를 위해 위생교육이 필수적입니다. 교육을 이수하면 수료증이 발급됩니다. 이를 이용해 영업 신고증을 발급받을 수 있습니다.

2) 영업 신고증 발급 절차
- ◆ 신청서 작성 및 서류 준비: 영업 신고서, 면허증 사본, 위생교육 수료증, 임대차 계약서(매장을 임대하거나 직접 소유하는 경우 관련 서류)
- ◆ 관할 지자체에 제출: 위생 관련 부서(예: 보건위생과)에 방문하여 신청

필요시 현장 실사로 시설 기준 충족 여부 등을 점검받을 수 있습니다(주로 업소 면적, 소독 시설, 환기·냉난방 상태 등). 서류 및 현장 심사가 이상 없으면 영업 신고증이 발급됩니다.

✂ 사업자 등록증 발급

1) 사업자 등록의 중요성

  미용실을 합법적으로 운영하기 위해서는 사업자 등록을 해야 합니다. 사업자 등록이 되어 있어야 부가가치세 신고, 직원 고용, 세금 혜택 등 제도적 절차를 제대로 이용할 수 있습니다.

2) 등록 절차
- ◆ 세무서 방문 또는 온라인 신청: 홈택스(www.hometax.go.kr) 등을 통해 전자신청도 가능
- ◆ 구비 서류: 사업자 등록 신청서, 영업 신고증 사본, 임대차 계약서, 신분증 등
- ◆ 발급 확인: 세무서에서 서류 심사를 거쳐 문제없을 시 사업자 등록증 발급
- ◆ 이 외 확인 사항: 상가 임대차, 인테리어, 마케팅

  앞서 설명한 절차들은 미용실 창업의 법적·행정적 기반을 마련하는 과정입니다. 그러나 실제로 영업장을 운영하기 위해서는 다음과 같은 추가 사항들을 면밀히 준비해야 합니다. 이 부분은 다른 장에서 상세히 설명할 예정입니다.

▶ 상가 임대차 계약하기

위치 선정(상권 분석), 임대료, 권리금, 계약 조건 등을 고려하여 신중하게 계약하세요. 상가 임대차보호법 등 관련 제도도 숙지해야 합니다.

▶ 인테리어하기

미용실 인테리어는 브랜드 이미지와 고객 만족도에 큰 영향을 미칩니다. 편의성, 위생적 구조, 동선 등을 고려한 설계가 필수입니다.

▶ 마케팅하기

블로그·SNS 등의 온라인 마케팅부터 전단지·현수막 등 오프라인 프로모션까지 다양하게 시도해 보세요. 오픈 이벤트, 멤버십, 단골 고객 관리 프로그램 등은 매출 안정화에 큰 도움이 됩니다.

미용실 창업 절차는 생각보다 복잡해 보일 수 있으나, 단계별 과정을 충실히 이행하면 어렵지 않게 진행할 수 있습니다. 이 책에서는 미용실 창업을 꿈꾸는 분들이 이·미용사 자격증 취득 → 면허증 발급 → 위생교육 및 영업 신고 → 사업자 등록이라는 핵심 절차를 정확히 이해하고, 실무에서 실수 없이 진행할 수 있도록 돕고자 합니다.

2-1. 미용사 면허증이란?

* 이용사 면허증 발급도 동일한 과정을 거칩니다.

　많은 사람들이 미용사 자격증만 있다면 미용실을 창업할 수 있다고 오해하지만, 그렇지 않습니다. 미용사 자격증은 미용 기술을 수행할 자격을 표시하는 것이며, 실제로 미용실을 운영하기 위해서는 미용사 면허증이 필수입니다. 이는 공중위생관리법 제6조에 따라 위생과 안전 관리를 강화하기 위한 법적 규정입니다. 따라서 미용실 창업을 위해서는 자격증 외에도 면허증을 반드시 발급받아야 합니다.
　이는 고객의 건강과 위생을 보호하기 위한 제도로, 미용실 운영의 첫 단계입니다. 위생과 안전 규정을 준수하는 사업장임을 입증하는 수단입니다. 면허증 발급 과정이 처음에는 복잡해 보일 수 있지만, 이 책에서 모든 과정을 단계별로 안내합니다.

　미용사 면허증을 발급받으려면 건강검진이 반드시 필요합니다. 고객과 가까이에서 작업하는 미용사의 특성상, 위생과 관련된 잠재적 질병을 미리 점검하는 것은 필수적인 법적 요건입니다. 건강검진은 보건소, 구청 인근 병원, 지정된 의료기관 같은 장소에서 진행할 수 있습니다. 건강검진을 진행하기 전, 해당 의료기관에 전화로 "미용사 면허증 발급 관련 건강검진이 가능한지"를 문의하세요. 비용 절약이 필요하다면 보건소를 추천합니다. 상대적으로 저렴한 비용으로 검진이 가능합니다.

✂ 미용사 면허증 발급에 필요한 주요 건강검진 항목

1) 전염성 피부질환 검사
미용 관련 업무는 고객과의 신체 접촉이 빈번하기 때문에, 전염성이 있는 피부질환(예: 진균 감염, 포진 등)이 없어야 합니다.

2) 결핵 검사(흉부 X-ray 검사)
결핵은 전염성이 강한 질병으로 미용사 면허 발급을 위해 결핵 여부를 확인합니다. 흉부 X-ray 촬영을 통해 진단이 이루어집니다.

3) B형 간염 검사 또는 혈액 검사
   (병원·보건소의 필요에 따라 요구)
일부 지자체에서는 B형 간염 검사를 요구하기도 합니다. 이는 직접적인 신체 접촉이 있는 직업의 특성상 추가적으로 확인될 수 있습니다.

4) 전염성 질환 여부 확인
기타 전염성이 강한 질환(예: 결핵 등)이나 직업특성상 위생관리에 영향을 미칠 수 있는 질병 여부를 확인합니다.

5) 기타 위생 관련 요구 사항 확인
건강검진을 시행하는 보건소에서 필요한 추가 항목들을 확인할 수 있습니다.

✂ 미용사 면허증 건강검진 발급 절차

1) 보건소 방문
  보건소에서 미용사 면허 관련 건강진단서를 발급합니다. 비용은 2025년 현재 기준 약 2만 원 내외이며, 지역마다 상이할 수 있습니다.

2) 병원 방문
  만약 보건소에서 원하는 날짜에 건강검진을 받을 수 없을 경우, 질병 검사가 가능한 병원에서도 검진 가능합니다. 단, 보건소보다 비용이 더 들 수 있는 점을 참고하세요.

3) 건강검진 결과 발급
  검진 완료 후 보건소 또는 병원에서 정해진 날짜에 건강진단서를 수령합니다. 이 건강진단서를 면허 신청 시 첨부합니다.

  건강검진을 받을 때는 반드시 공인된 의료기관을 이용해야 하며, 비공인 의료기관에서 받은 결과는 인정받지 못할 수 있습니다. 검진 후 발급받은 소견서는 면허증 발급 신청 시 반드시 제출해야 하며, 분실이나 훼손되지 않도록 잘 보관하세요. 만약 검진 결과에 이상이 발견되면 추가 검사가 필요할 수 있으므로, 이를 대비해 건강 상태를 미리 확인하는 것이 좋습니다. 또한, 건강검진 결과는 발급 후 6개월까지만 유효하므로, 유효기간을 넘기지 않도록 신속히 면허증 발급 절차를 진행해야 합니다. 건강검진이 완료되면 소견서를 구청 위생과에 제출한 뒤 면허증 발급 절차가 본격적으로 진행됩니다.

미용사 면허증 발급 순서 정리
- 미용사 자격증 취득
- 병원·보건소에서 필수 건강검진 진행 후 소견서 발급
- 구청 위생과에 면허증 발급 신청
- 면허증 교부 및 미용실 창업 준비 완료!

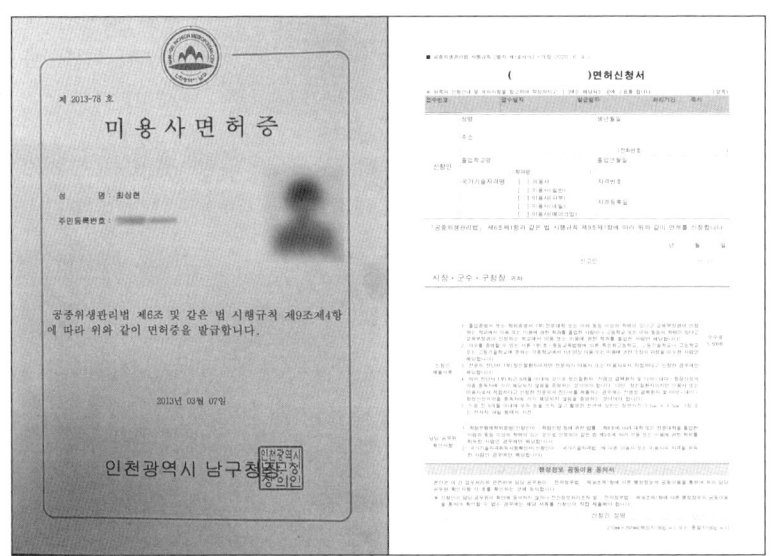

✂ 면허증 발급 받기

   미용사 면허를 발급받기 위해서는 몇 가지 필수 서류들을 준비해야 합니다. 특히 건강검진 소견서를 이미 발급받은 상태라면, 이제는 관할 시·군·구청 위생과 또는 보건소로 이동해 본격적으로 면허 발급 신청을 진행해야 합니다.

1) 미용사 면허 신청: 어디서, 어떻게?
- ◆ 방문 신청: 관할 시·군·구청 위생과 또는 시·도청 민원실에 직접 방문하여 신청
- ◆ 온라인 신청: 행정안전부에서 운영하는 새올행정시스템(www.all.go.kr) 에서 온라인으로 신청
- * 잠깐! 온라인 신청은 모든 기관에서 지원하지 않을 수 있으니, 방문 전 관할 기관에 문의하는 센스!

2) 꼼꼼하게 챙겨야 할 준비물
- ◆ 미용사 면허 신청서: 방문 신청 시, 해당 기관에 비치된 양식을 사용합니다. 온라인 신청 시에는 시스템에서 제공하는 양식에 따라 작성하면 됩니다.
- ◆ 건강진단서: 반드시 관할 보건소 또는 지정 의료기관에서 발급받은 건강진단서를 제출해야 합니다.
- ◆ 건강검진 항목: 전염성 피부질환, 결핵, B형 간염 등이 포함됩니다.
- * 기관에 따라 검사 항목에 차이가 있을 수 있으니, 미리 확인 필수!

- ◆ 유효기간: 발급일로부터 6개월이므로, 너무 일찍 발급받으면 면허 신청 시 유효기간이 지날 수 있습니다. 면허 신청 예정일에 맞춰 발급받는 것이 좋습니다.
- ◆ 사진: 최근 6개월 이내 촬영한 탈모 상반신 반명함판 사진 1매(3.5cm× 4.5cm, 기관에 따라 규격이 다를 수 있으므로 반드시 확인!).

  * 사진 꿀팁! 면허증에 오랫동안 사용될 사진이니만큼, 단정하고 깔끔한 모습으로 촬영하는 것이 좋겠죠?
- ◆ 신분증: 주민등록증, 운전면허증, 유효기간이 남아 있는 여권 중 하나를 지참합니다.

  * 참고: 기관에 따라 신분증 사본을 요구할 수 있으니, 미리 준비해 가면 좋습니다.

3) 면허증 발급까지 얼마나 걸릴까?

면허증 발급은 당일 발급이 가능합니다. 기관의 사정에 따라 기간이 달라질 수 있으니, 여유를 가지고 신청하는 것이 좋습니다.

4) 미용사 면허증 발급 수수료

면허증 발급 시 소정의 수수료가 발생합니다. 수수료는 지역 및 면허 종류에 따라 다를 수 있으며, 자세한 내용은 해당 기관에 문의하는 것이 정확합니다.

면허 신청서 및 첨부 서류[1]

구분	첨부 서류	비고
고등학교, 전문대학 이상 관련 학과 졸업자	- 졸업증명서 또는 학위증명서 1부 건강진단서 1부 - 사진 1장(3.5cm×4.5cm) 또는 전자적 파일 형태의 사진	
특성화고등학교, 고등기술학교나 고등학교 또는 고등기술학교에 준하는 각종 학교 과정 이수자	- 이수증명서 1부 - 건강진단서 1부 - 사진 1장(3.5cm×4.5cm) 또는 전자적 파일 형태의 사진	
학점 인정에 관한 법률에 의한 학위 취득자	- 건강진단서 1부 - 사진 1장(3.5cm×4.5cm) 또는 전자적 파일 형태의 사진	행정정보공동이용을 통해 담당공무원이 학점은행제 학위증명 확인 (신청인이 확인에 동의하지 않는 경우에는 해당 서류 첨부)
국가기술자격 취득자	- 건강진단서 1부·사진 1장(3.5cm×4.5cm) 또는 전자적 파일 형태의 사진	행정정보공동이용을 통해 담당공무원이 국가기술자격정보 확인 (신청인이 확인에 동의하지 않는 경우에는 해당 서류 첨부)

---

1) 2024년 보건복지부 공중위생관리 사업안내

✂ 미용 면허 신청 조건[2]

미용 관련 학과 졸업(이수, 학위취득)자 또는 미용사 국가기술자격 소지자만 신청이 가능합니다.

> 1. 고등학교(또는 이와 동등의 학력이 있다고 교육부장관이 인정하는 학교), 전문대학(또는 이와 동등 이상의 학력이 있다고 교육부장관이 인정하는 학교)에서 이용 또는 미용에 관한 학과를 졸업한 자
> 2. 초·중등교육법령에 따른 특성화고등학교, 고등기술학교나 고등학교 또는 고등기술학교에 준하는 각종학교에서 1년 이상 이용 또는 미용에 관한 소정의 과정을 이수한 자
> 3. 「학점인정 등에 관한 법률」 제8조에 따라 대학 또는 전문대학을 졸업한 자와 동등 이상의 학력이 있는 것으로 인정되어 같은 법 제9조에 따라 이용 또는 미용에 관한 학위를 취득한 자

* 학과명만으로는 미용에 관한 학과임을 판단할 수 없으므로 신청인에게 졸업증명서 외에 교육과정 증빙서류(예: 성적증명서, 커리큘럼 등)를 제출토록 하여 제출 서류를 기반으로 「공중위생관리법」 제6조제1항제1호 내지 제3호에 해당하는지 종합적으로 검토하여 면허 발급

* 이용장 및 미용장 자격 소지자는 면허 발급 대상 미해당

---

2) 2024년 보건복지부 공중위생관리 사업안내

✂ 미용 면허 결격 사유 (공중위생관리법 제6조제2항)[3]

- ◆ 피성년후견인
- ◆ 「정신건강증진 및 정신질환자 복지서비스 지원에 관한 법률」 제3조제1호에 따른 정신질환자(다만, 전문의가 이·미용사로서 적합하다고 인정하는 경우는 제외)
- ◆ 결핵환자(비전염성인 경우 제외)
- ◆ 마약·대마 또는 향정신성 의약품 중독자
- ◆ 아래의 사유로 면허가 취소된 후 1년이 경과되지 아니한 자
- - 정신질환자 또는 마약 등 중독자에 해당하게 된 때
- - 「국가기술자격법」에 따라 자격이 취소된 때
- - 이중으로 면허를 취득한 때
- - 면허정지 처분을 받고도 그 정지 기간 중에 업무를 한 때

결격사유별 확인 방법[4]

	구분	조회기관	근거
결격조회 요청기관의 확인대상	(1) 결격사유조회	등록기준지	결격사유조회 업무처리요령
	(2) 성년후견·한정후견 등기	가정법원	후견등기에 관한 법률

---

3) 2024년 보건복지부 공중위생관리 사업안내
4) 2024년 보건복지부 공중위생관리 사업안내

1) 피성년후견인

　(2)의 방법으로 확인 시 방법 및 절차 등은 관할 가정법원에 문의하는 것이 좋습니다(내·외국인 동일 적용).

2) 외국인

　외국인의 경우 체류자격 등 취업 가능 여부에 대해 확인이 필요합니다.

3) 건강진단서
- ◆ 발급일: 최근 6개월 이내
- ◆ 발급기관: 보건소 또는 「의료법」에 따른 의료기관
- * 포함내용: 정신질환자, 마약·대마·정신성 의약품 중독자, 활동성 결핵환자에 각각 해당되지 않음을 증명

　서류를 꼼꼼히 준비했다고 해서 모든 준비가 끝난 것은 아닙니다. 마지막 확인 단계에서 놓쳐 버리는 작은 실수가 오히려 발급을 지연시키는 흔한 원인이 되곤 합니다. 이를 방지하기 위해, 서류를 제출하기 전에 다음과 같은 체크리스트를 활용해 보세요.

- ◆ 건강검진 소견서 또는 기타 서류의 유효기간이 초과되지 않았는가?
- ◆ 사진 규격과 필요한 사진 매수를 정확하게 준비했는가?
- ◆ 제출하는 서류에 개인 정보 오타나 잘못된 기재 사항은 없는가?

체크리스트를 끝까지 점검하고, 모든 준비를 마쳤다면 이제 자신 있게 기관을 방문하여 면허 신청을 진행하면 됩니다!

✂ 미용 면허세 납부

이미 앞선 단계에서 모든 서류를 준비하여 제출하셨나요? 제출한 서류에 이상이 없다면 당일 면허증 발급이 가능합니다. 소요 시간은 접수 상황에 따라 보통 1~2시간 정도 걸리며, 대기 시간이 짧아지도록 오전 중 방문을 추천합니다. 특히, 서류상의 오타나 불완전한 내용이 발견되지 않도록 미리 꼼꼼히 점검하세요. 면허증을 성공적으로 발급받았다면, 이제 매년 반드시 이행해야 할 의무 사항인 면허세 납부가 기다리고 있습니다.

면허세 납부는 한 번으로 끝나는 절차가 아니라, 면허증을 보유한 기간 동안 매년 정해진 시기에 1회 납부해야 하는 지속적 의무라는 점을 명심하세요. 면허세는 각 지방자치단체(지자체) 조례에 따라 금액 및 납부 방법이 조금씩 다를 수 있습니다.

면허세 금액은 일반적으로 일정 금액 내에서 책정되지만, 창업 지역(서울, 수도권, 지방)에 따라 달라질 수 있습니다. 정확한 정보는 관할 시·군·구청의 세무 부서를 통해 확인하세요.

납부 방법은 관할 지자체 세무 부서를 직접 찾아가 현장에서 납부하거나, 위택스(www.wetax.go.kr)를 통해 전국 어디서나 인터넷으로 지방세를 납부할 수 있습니다. 위택스는 온라인 납부 플랫폼으로, 가정이나 사무실에서도 쉽게 이용 가능합니다. 온라인 고지서가 발행되거나 우편으로 배송되면 계좌이체를 통해 납부 가능합니다.

면허세는 매년 1월에 고지서가 발행되며, 납부 기한은 일반적으로 1월 말까지만 허용합니다. 기한 내 납부하지 못하는 경우 가산세가 부과되므로, 미리 일정을 체크해 두는 것이 중요합니다.

면허를 발급받은 이후 창업에 필요한 각종 정보 및 대출 관련 정보를 공유합니다.

1) 창업 지원 기관

처음 창업을 준비하는 경우 정부에서 지원하는 여러 교육 및 컨설팅 프로그램을 활용할 수 있습니다. 대표적으로 소상공인시장진흥공단(www.semas.or.kr), 중소벤처기업부(www.mss.go.kr)는 창업을 위한 전문 상담, 창업 자금 연계, 교육 등을 제공하고 있으니 이를 적극 활용하세요.

2) 대출 정보

- ◆ 소상공인 시장진흥공단(www.semas.or.kr)
- - 청년창업자금: 만 39세 이하의 청년 창업자에게 저금리 대출 지원
- - 성장촉진 대출: 창업 초기 경영 안정화를 위해 지원
- * 필요 서류: 사업 계획서, 창업 관련 증빙 자료(예: 미용사 면허증), 신용 조회 등 요구

◆ 중소벤처기업진흥공단(www.kosmes.or.kr)
 - 미용실과 같은 소형 사업체에 대한 지원
 - 매출 전망이나 사업 계획서를 기반으로 대출 가능
 - 이자율이 상대적으로 낮고 상환 기간 유연하게 조정 가능

* 중소기업 정책 자금 관련 공시는 매년 갱신되므로 최신 정보 확인

이로써 미용사 면허를 발급받는 과정과 함께 해당 시기에 알아야 할 주요 관점을 모두 소개해 드렸습니다. 이 단계들은 단순한 서류 발급 절차가 아니라 미용실 창업의 중요한 기반이 됩니다. 따라서 철저히 준비하고 정확히 확인하여 모든 과정을 순조롭게 진행하시길 바랍니다.

2-2. 위생교육이 필수인 이유?

미용실은 단순히 고객의 외모 변화를 돕는 공간이 아닙니다. 고객과 직접적으로 접촉하는 특성상, 미용사는 고객의 건강과 직결된 서비스를 제공하는 책임을 지고 있습니다. 특히 빗, 가위, 면도기, 클리퍼, 드라이기 등 고객의 피부나 두피와 닿는 도구를 주로 사용하는 업종에서 위생 관리는 영업의 핵심이자 필수 요소라고 할 수 있습니다.

이·미용업과 관련된 공중위생법[5]

이용업 공중위생관리법 제2조제1항제4호	손님의 머리카락 또는 수염을 깎거나 다듬는 등의 방법으로 손님의 용모를 단정하게 하는 영업
미용업 (미용실에 해당하는 부분) 공중위생관리법 제2조제1항제5호	손님의 얼굴, 머리, 피부 및 손톱·발톱 등을 손질하여 손님의 외모를 아름답게 꾸미는 영업 * 일반미용업: 파마·머리카락 자르기·머리카락 모양내기·머리 피부 손질·머리카락 염색·머리 감기, 의료기기나 의약품을 사용하지 아니하는 눈썹손질을 하는 영업

위생교육은 단지 법적 요건을 충족하기 위한 형식적인 절차가 아닙니다. 이는 이·미용사가 고객의 안전을 최우선으로 하여, 깨끗하고 안전한 환경을 제공하는 방법을 체계적으로 배우고 실천할 수 있도록 돕는 중요한 과정입니다. 다음은 위생교육에서 배우는 주요 내용들입니다.

---
[5] 2024년 보건복지부 공중위생관리 사업안내

1) 도구의 분리 관리

자외선 소독기 사용법, 소독액 희석 및 사용법, 멸균 가능한 도구와 불가능한 도구를 분리해 관리합니다. 이·미용 도구는 여러 고객에게 반복적으로 사용되기 때문에 세균, 바이러스, 곰팡이 등이 옮아갈 위험이 있습니다. 위생 교육에서는 도구별 적절한 소독 및 멸균 방법에 대해 철저히 배우게 됩니다.

2) 소독과 위생

한 고객의 상처를 건드린 도구가 소독되지 않은 상태에서 다른 고객에게 사용될 경우 감염 위험이 높아집니다. 위생관리가 부족할 경우 장비를 통해 전염될 수 있는 대표적인 질병(피부병, 두피 감염 등)을 예방하는 구체적인 방법을 제공합니다. 이를 통해 위생 문제가 초래할 수 있는 위험성을 인식하게 됩니다.

이·미용 작업 공간뿐 아니라 대기실, 세면대, 수건 보관함 등 전반적인 위생 환경 점검 및 유지 방법에 대한 체계적인 지식도 제공합니다. 이·미용사는 고객에게 서비스를 제공하면서 건강과 위생을 보호하는 공중위생의 일원으로서 중요한 역할을 담당합니다.

3) 고객 신뢰도 향상

깨끗하고 안전한 미용실 환경은 고객이 안심하고 서비스를 받을 수 있게 합니다. 특히 위생 관리를 철저히 하는 모습은 고객이 미용실의 서비스를 다시 찾게 만드는 주요 요소입니다.

4) 장비와 환경의 수명 연장

장비를 적절히 소독하고 관리하면 장비의 상태를 오래 유지할 수 있습니다. 또한 작업 공간이 청결할수록 영업 환경의 유지 비용도 줄어듭니다.

5) 법적 문제 예방

미용실이 위생 기준을 지키지 못해 발생할 수 있는 민원, 벌금, 영업정지 등의 문제를 사전에 차단할 수 있습니다.

6) 전염병 예방

올바른 위생 지식과 실천은 여러 감염성 질환(헤르페스, 습진, 결막염 등)의 전파를 효과적으로 막을 수 있습니다.

✂ 위생교육은 어떻게 받을 수 있을까?

위생교육은 미용실 창업 준비 과정에서 반드시 수료해야 하는 단계입니다. 교육 시간은 매년 3시간이며 위생교육 방법은 오프라인 교육과 온라인 교육을 병행하여 실시합니다.

1) 오프라인 교육[6]

교육 대상	교육 기관
법 제2조제1항제4호 규정에 의한 이용업 영업자	(사)한국이용사회
법 제2조제1항제5호 및 시행령 제4조의2호의 가목 또는 마목 규정에 의한 미용업(일반), 미용업(종합) 영업자	(사)대한미용사회

위생교육의 내용은 「공중위생관리법」 및 관련 법규, 소양교육(친절 및 청결에 관한 사항을 포함), 기술교육, 그 밖에 공중위생에 관하여 필요한 내용으로 합니다. 단, 교육 일정이 정해져 있어 원하는 시간을 선택하기 어렵거나, 교육 장소가 멀 경우 이동에 어려움을 겪을 수도 있습니다. 이를 해결하기 위해서는 미리 거주지 관할 이·미용협회에 문의하여 일정과 장소를 확인해야 합니다. 참고로, 대부분의 경우 미리 우편으로 교육 일정이 고지됩니다.

2) 온라인으로 간편하게 수료 인터넷 교육

시간과 장소의 제약을 최소화하고 싶다면, 컴퓨터나 스마트폰을 통해 온라인 위생교육을 수강할 수 있습니다. 대부분의 플랫폼들은 미리 녹화된 강의를 제공하여, 본인의 일정에 맞춰 수업을 들을 수 있어 바쁜 예비 미용사들에게 적합합니다. 하지만, 온라인 교육은 오프라인처럼 실제 실습 과정은 없으므로 실무에서의 위생관리 능력은 스스로 연습하고 보완해야 합니다. 대한미용사회중앙회 홈페이지(www.ko-ba.org)를 통해 간단히 신청할 수 있습니다.

---
[6] 2024년 보건복지부 공중위생관리 사업안내

3) 구청 위생과를 통한 정보 안내

 미용실 창업 과정에서는 반드시 관할 구청 위생과에 영업 신고서를 제출해야 합니다. 이때 위생교육 수료증 역시 필수로 제출해야 하므로, 위생교육에 대한 모든 정보를 구청 위생과에 문의하는 것도 좋습니다.

- ◆ 관할 지역에서 진행되는 위생교육 일정 확인
- ◆ 온라인 교육 사이트 안내
- ◆ 영업 신고에 필요한 서류 목록 제공

 위생교육을 수료하면 약 3만 원 정도의 비용이 발생하며, 교육 완료 후 발급되는 위생교육 수료증은 미용실 영업 신고 시 반드시 필요합니다. 따라서 분실하지 않도록 철저히 보관해야 합니다. 더불어, 위생교육은 매년 1회 재수료가 필수이며, 이를 이행하지 않을 경우 몇십만 원의 벌금이 부과될 수 있습니다. 매년 교육 커리큘럼이 다소 변경될 수 있으니, 최신 교육 내용을 적극 숙지하시기 바랍니다. 그리고 발급받은 위생교육 수료증은 항상 미용실 내에 비치해야 함을 잊지 마세요.

 신규 영업자교육(공중위생관리법 제17조제2항)을 받은 자가 2년 이내 동일한 업종으로 영업 신고를 한 경우 공중위생관리법 제17조제1항에 따른 당해연도 위생교육을 받은 것으로 인정합니다(공중위생영업자에 대한 위생교육 실시지침 제14조제1항). 영업 신고를 하는 자는 사전에 공중위생관리법 제17조제2항에 따른 위생교육을 이수해야 하며 다만, 천재지변, 본인의 질병·사고, 업무상 국외출장 등의 사유나, 교육 실시 단체의 사정 등으로 미리 교육을 받는 것이 불가능한 경우 영업 신고 후 6개월 이내에 교육 가능합니다.

✂ 위생교육 이후에도 지속적 위생 관리

많은 초보 미용사들이 위생교육을 '영업 준비 절차'로만 여기는 경우가 많습니다. 하지만 실제 미용실 운영 과정에서 위생 관리는 고객 신뢰를 얻고, 성공적인 운영을 지속하는 데 필수적인 요소입니다. 다음은 미용실 운영 중 반드시 신경 써야 할 위생 관리 항목들입니다.

1) 이·미용 도구 소독 및 멸균

가위를 포함한 모든 도구는 사용 후 매번 철저히 소독해야 합니다.

소독액이나 UV 멸균기를 활용하는 것도 좋은 방법입니다(이용·미용 기구별 소독기준 및 방법 고시 제2017-123호(17. 7. 3. 제정)).

2) 공통기준
- ◆ 소독을 한 기구와 소독을 하지 아니한 기구로 분리하여 보관
- ◆ 소독 전에는 브러시나 솔을 이용하여 표면에 붙어 있는 머리카락 등의 이물질을 제거한 후, 소독액이 묻어 있는 천이나 거즈를 이용하여 표면 세척
- ◆ 사용 중 혈액이나 체액이 묻은 기구는 소독하기 전, 흐르는 물에 씻어 혈액 및 체액을 제거한 후 소독액이 묻어 있는 일회용 천이나 거즈를 이용하여 표면을 닦아 물기를 제거

3) 기타 사항
- ◆ 각 손님에게 세탁된 타월이나 도포류를 제공하여야 하며, 한 번 사용한 타월이나 도포류는 사용 즉시 구별이 되는 용기에 세탁 전까지 보관
- ◆ 사용한 타월이나 도포류는 세제로 세탁한 후 건열멸균소독·증기소독·열탕소독 중 한 방법을 진행한 후 건조하거나, 0.1% 차아염소산나트륨용액(유효염소농도 1,000ppm)에 10분간 담가 둔 후 세탁하여 건조하기를 권장
- ◆ 혈액이 묻은 타월, 도포류는 폐기
- ◆ 스팀타월은 사용 전 80℃ 이상의 온도에서 보관하고, 사용 시 적정하게 식힌 후 사용하고 사용 후에는 타월 및 도포류와 동일한 방법으로 소독

✂ 기구별 소독 기준

1) 이용업소 시설·설비 기준
◆ 소독을 한 기구와 소독을 하지 않은 기구를 구분하여 보관할 수 있는 용기 비치
◆ 소독기·자외선살균기 등 이용기구를 소독하는 장비 구비
◆ 영업소 안에 별실 그 밖에 이와 유사한 시설 설치 불가

2) 미용업소 시설·설비 기준
◆ 소독을 한 기구와 소독을 하지 않은 기구를 구분하여 보관할 수 있는 용기 비치
◆ 소독기·자외선살균기 등 미용기구를 소독하는 장비 구비

기구명	위험도	소독 방법
가위, 바리캉, 클리퍼, 무서, 빗	피부감염 및 혈액으로 인한 바이러스 전파 우려	① 표면에 붙은 이물질과 머리카락 등을 제거한다. ② 위생티슈 또는 소독액이 묻은 천이나 거즈로 날을 중심으로 표면을 닦는다. ③ 마른 천이나 거즈를 사용하여 물기를 제거한다.
토우세퍼레이터, 라텍스, 퍼프, 해면	감염매체의 전달이나 자체 감염 우려	① 찬물 이용하여 표면의 이물질을 닦아 낸다. ② 세척 후 소독액에 10분 이상 담근 후 흐르는 물에 헹구고 물기를 제거한다. ③ 자외선 소독 후 보관용 용기에 보관한다.
브러시 (화장·분장용)	감염매체의 전달이나 자체 감염 우려	① 표면의 이물질을 제거한다. ② 세척제를 사용하여 세척한다. ③ 자외선 소독 후 보관용 용기에 보관한다.

* 기구명은 현재 일반적으로 이·미용업소에서 주로 사용·지칭하는 용어를 사용

3) 공통사항, 영업종료 후

이물질 등을 제거하고 일반기준에 의해 소독 작업 후, 별도의 용기에 보관하여 위생적으로 관리하여야 합니다.

4) 실내 청결 유지

영업 중에도 끊임없이 바닥을 정리하고 머리카락을 즉시 치워야 합니다. 정기적인 환기를 통해 쾌적한 공기 상태를 유지하세요.

5) 위생 용품 비치

손 소독제, 일회용 비닐, 살균 티슈 등 위생과 관련된 소모품을 항상 구비해 두세요. 특히, 고객마다 사용할 일회용 코팅 비닐이나 수건 대여 서비스를 제공하면 신뢰도를 높일 수 있습니다.

6) 직원 교육 및 관리

미용사 개개인이 위생 관리를 철저히 하기 위해 주기적으로 내부 위생교육을 실시하세요. 모든 직원이 손 씻기, 장비 소독 등을 철저히 준수하도록 하세요.

미용실 창업을 준비하는 과정에서 위생교육 이수는 단순히 의무 사항을 넘어, 고객과 믿음을 쌓고 성공적인 영업을 지속하기 위한 기본 중 기본입니다. 미용협회의 오프라인 교육 또는 인터넷 교육을 통해 본인의 여건에 맞게 교육을 수료하고, 발급된 수료증은 반드시 잘 보관하세요. 그리고 위생교육은 단회성 절차가 아니라 매년 재이수해야 하니, 정해진 교육 일정을 놓치지 않도록 주의하세요. 미용업은 특히 감염 예방 및 청결 유지에 민감한 업종인 만큼, 교육을 창업 준비의 시작으로 여기고, 창업 후에도 꾸준히 위생 관리에 힘쓴다면 고객 신뢰와 함께 탄탄한 기반을 다질 수 있을 것입니다.

✂ 신규영업자 교육[7]

하나, 교육 유예기간(6개월 이내)이 영업 신고한 해가 아닌 익년도로 넘어갈 경우 익년도에 유예된 신규영업자 교육과 기존영업자 교육을 받아야 합니다.

- ◆ 예: 2021년 11월에 영업 신고한 자가 보건복지부령으로 정하는 부득이한 사유로 영업 신고 전에 위생교육을 받지 않고 영업개시 후 6개월(2022년 4월) 이내에 위생교육을 받는 경우 신규영업자 교육은 2022년 4월까지, 기존영업자교육은 2022년 12월까지 모두 이수해야 과태료 처분대상이 아님(신규, 기존 별개로 과태료 처분)

* 위 사항의 경우 익년도 유예한 사실이 확인되면 2021년 교육실적 없어도 과태료 미처분

둘, 당해연도 위생교육(「공중위생관리법」 제17조제1항)을 받은 자가 폐업 신고를 한 후, 위생교육을 받은 날부터 2년 이내에 동일 업종으로 영업 신고를 한 경우 신규 영업자교육과 당해연도 위생교육 모두 받은 것으로 봅니다.

---

[7] 2024년 보건복지부 공중위생관리 사업안내

- ◆ 예: 일반미용업자 A가 2021년 3월 위생교육을 이수하고 5월에 폐업 신고를 한 후 2023년 2월 동일 업종인 일반미용업 영업 신고 시 「공중위생관리법」 제17조제2항의 신규영업자 위생교육과 제1항의 당해연도 위생교육을 모두 이수한 것으로 봅니다.

셋, 「부가가치세법」 제8조제7항에 따른 휴업 신고를 한 자에 대해서는 휴업 신고를 한 다음 해부터 영업을 재개하기 전까지 위생교육 유예 가능합니다.

- ◆ 예: 2020년 2월~2021년 5월까지 휴업하는 경우(「부가가치세법」에 따라 휴업 신고를 한 경우만 해당) → 2020년, 2021년 위생교육 이수 대상(미수료 시 과태료 처분 대상)

2-3. 이·미용실 영업 신고 및 영업 신고증 발급[8]

미용실 창업의 첫 단계라 할 수 있는 영업 신고, 즉 영업 신고증 발급은, 미용실 운영을 합법적으로 시작하기 위해 반드시 거쳐야 하는 중요한 절차입니다. 미용실이 법적 테두리 안에서 운영된다는 증명서로, 고객에게 신뢰를 주게 됩니다. '헤어' 부분은 크게 두 가지, 이용업과 일반미용업으로 영업 신고를 하고 영업 신고증을 발급받습니다.

근거 법령	공중위생관리법 제3조제1항 및 같은 법 시행규칙 제3조

이 글에서는 영업 신고 즉, 영업 신고증 발급 절차와 반드시 준비해야 할 사항들을 차근차근 설명하며, 미용실 창업을 준비하는 독자들이 겪을 수 있는 혼란을 줄이고 실수 없이 절차를 마칠 수 있도록 돕겠습니다.

> **붙임머리숍은?**
> 일반미용업으로 영업 신고를 하면 됩니다. 머리카락에 인조모 등을 연결하여 머리길이를 연장, 풍성하게 하는 것은 일반미용업의 업무범위(머리카락 모양내기)에 해당합니다. 다만 단순히 제조된 인조모를 판매하는 형태의 영업은 미용업에 해당하지 않습니다.

---

[8] 2024년 보건복지부 공중위생관리 사업안내

✂ 영업 신고 전 미용사 면허증 준비

우선적으로 확인해야 할 점은, 미용사 면허증의(이용사는 이용사 면허증) 보유 여부입니다. 미용실 창업자는 필수적으로 미용사 면허증을 소지하고 있어야만 합니다. 이는 국가가 정한 기준으로, 미용업의 책임 있는 운영을 위해 꼭 요구되는 자격입니다. 만약 면허증 발급을 아직 받지 못한 상태라면, 창업 준비보다 우선적으로 면허증 취득을 완료해야 합니다. 면허증 발급 방법과 절차는 1장에서 자세히 확인할 수 있습니다.

미용실 창업을 하려면 사업 장소에 대한 임대차 계약서가 반드시 필요합니다. 다음은 계약서에 포함되어야 하는 주요 정보들입니다.

- ◆ 건물주와 임차인의 명확한 정보(이름, 연락처)
- ◆ 임대 기간
- ◆ 보증금 및 월세 금액
- ◆ 기타 계약 조건

임대차 계약서를 작성할 때, 계약 조건을 꼼꼼히 확인하고 보완 사항이 있다면 건물주와 상의해 수정하십시오. 임대차 계약은 단순한 형식적 절차가 아닌, 앞으로 미용실 운영을 좌우할 중요한 문서임을 잊지 마세요.

미용실 운영자는 공중위생관리법에 따라 반드시 위생교육을 이수해야 합니다. 위생교육은 보통 지역 미용사(이용사) 협회나 위생관리 관련 기관에서 진행됩니다. 만약 사전에 위생교육을 이수하지 않았다면, 지역의 위생과나 미용사 협회에 문의하여 일정을 확인하세요. 교육 수료 후 발급받게 되는 위생교육 이수증은 영업 신고 과정에서 꼭 필요한 서류이므로 미리 준비해 놓는 것이 중요합니다. 영업 신고증 발급에 필요한 서류는 다음과 같습니다.

- ◆ 본인 신분증(주민등록증, 운전면허증 등)
- ◆ 임대차 계약서
- ◆ 이·미용사 면허증
- ◆ 위생교육 이수증
- ◆ 대리인 방문 시: 위임장 및 대리인의 신분증

준비한 서류를 가지고 관할 구청 위생과를 방문하여 신청 절차를 시작합니다. 구청에 방문하면, 담당 공무원 안내에 따라 추가 서류인 영업 신고서와 영업시설 개요서를 작성하게 됩니다.[9]

---

9) 2024년 보건복지부 공중위생관리 사업안내

신청 서류	- 영업 신고서
	- 영업시설 및 설비의 사용 권리 확보 증명 서류 　* 보건복지부 건강정책과-3799(2022. 5. 25.)호 참고
	- 교육수료증(법 제17조제2항에 따라 미리 교육을 받은 경우에만 해당, 부득이한 사유로 미리 교육을 받을 수 없는 경우에는 그 사유서)
	* 대리인이 신고를 하는 경우, 민원처리에 관한 법률 시행규칙 별지 3호 서식(위임장) 제출 및 위임받는 사람의 신분증(주민등록증, 여권, 운전면허증 등)을 행정기관에 제시
공무원 확인사항	- 건축물대장, 토지이용 계획 확인서 　* 사용자가 국유재산 사용허가서 제출 시 제외
	- 면허증(이용업·미용업의 경우에만 해당) 　* 이·미용사 면허소지자만 영업 신고 가능
	- 공중위생관리법 제11조의4에 의한 같은 종류 영업 금지 해당 유무 검토
	- 「국토의 계획 및 이용에 관한 법률」상 영업의 신고를 하고자 하는 장소가 도로개설 예정지역 여부 및 지역 구분에 적합한지 여부(주거지역, 준주거지역, 상업지역 등) 　* 「국토의 계획 및 이용에 관한 법률」 시행령 제30조
	- 건축물의 용도에 적합한지 여부 및 위법건축물 등재 여부 등 * 「건축법」 시행령 제3조의5(용도별 건축물의 종류) - 그 외 기타 관계법령 등 　* '허가사항'과 관련된 내용은 3장에서 자세히 다루겠습니다.
	- 장애인·노인·임산부 등의 편의증진 보장에 관한 법률에 따른 편의시설 설치 - 이용원·미용원으로서 동일한 건축물 안에서 해당 용도로 쓰이는 바닥면적의 합계가 50㎡ 이상인 시설은 주출입구접근로, 주출입구 높이 차이 제거, 내부 출입구(문) 등 편의시설을 설치 　* 「장애인·노인·임산부 등의 편의증진 보장에 관한 법률 시행령」

구청에서는 신청인의 지방세 및 국세 미납 여부를 확인하는 절차도 진행됩니다. 체납금이 있을 경우, 영업 신고증 발급이 제한될 수 있으니 미용실 창업 전에 모든 세금을 정리하는 것이 바람직합니다. 지방세와 국세를 정리한 증빙 자료가 필요한 경우 미리 준비해 가는 것도 유리합니다.

발급에 필요한 서류, 관계법령(허가), 세금체납 문제만 없다면 당일 이용업 또는 일반미용업으로 영업 신고증을 발급해 줍니다. 발급받은 영업 신고증은 이·미용실 내 손님이 잘 볼 수 있는 곳에 부착해야 하며, 이는 법적 의무 사항입니다. 이를 통해 손님들에게 신뢰를 줄 수 있으며, 위생 및 안전을 보장받을 수 있다는 상징적인 의미도 담깁니다.

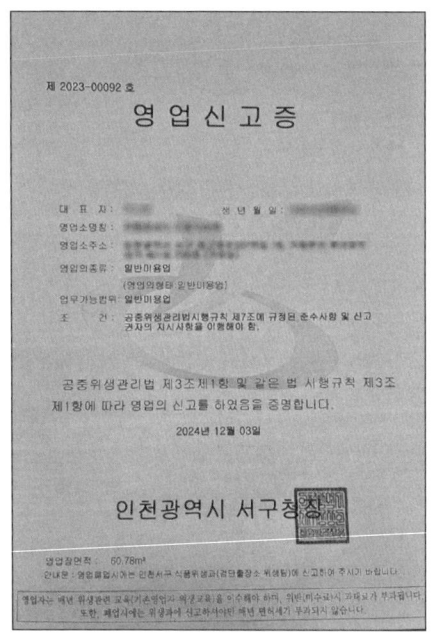

✂ 미용실 현장 실사[10]

미용실을 오픈할 때, 구청 위생과에서 방문하여 점검하는 사항들은 주로 공중위생관리법에 근거한 위생기준을 준수하고 있는지를 확인하는 절차입니다. 미용실은 공중위생영업에 해당되기 때문에 다음과 같은 항목들을 점검하는 것이 일반적입니다.

1) 위생 설비와 관련된 사항
- ◆ 손 씻는 시설(세면대) 및 청결 상태
- ◆ 소독 설비 완료 여부(가위, 빗, 기구 등을 소독할 수 있는 설비)
- ◆ 소독기(자외선 소독기, 소독액 등) 확인
- ◆ 공기 환기 시설 또는 환기 시스템의 적정 여부
- ◆ 온수 시설 설치 여부 확인

2) 사업장 내 청결 상태
- ◆ 미용(이용) 시 사용되는 기구의 관리 상태(위생 상태)
- ◆ 폐기물, 머리카락 등의 세정 및 처리 여부
- ◆ 작업 공간 및 바닥의 청결(먼지·얼룩 등 제거 상태)

3) 필수 비품 및 위생 용품 구비 여부
- ◆ 1회용품 사용 여부 및 관리 상태(위생 캡, 1회용 컵 등 구비 여부)
- ◆ 세척 및 소독이 필요한 기구가 제대로 관리되고 있는지 확인

---

[10] 2024년 보건복지부 공중위생관리 사업안내

◆ 고객용 타월, 커버 등이 위생적으로 보관 및 관리되고 있는지 확인

4) 소독 관련
◆ 기구별로 분류된 소독 설비(빗, 가위 등을 소독하는 방법 규정 준수 여부)
◆ 소독제 사용 시 관련 용량·희석 방법 준수 여부
◆ 소독 부위별로 소독 상태가 잘 유지되고 있는가 확인

5) 미용실 시설 구조 관련 점검
◆ 영업장의 내부 구조가 신고된 내용과 일치하는지 여부
◆ 별도 세면대나 화장실 등 법적으로 요구되는 설비 유지 여부
◆ 작업실과 대기실이 분리된 경우 분리 상태 확인

6) 허가증 및 신고 관련 서류
◆ 영업 신고증 비치 여부(영업 신고증 원본 확인 및 비치 여부)
◆ 미용 면허증 원본 부착 여부(벽이나 고객이 확인 가능한 장소에 비치)

7) 기타 공중위생 조건
◆ 고객을 대상으로 사용하는 수건, 앞치마, 가운 등이 세탁 및 소독된 상태인지 점검
◆ 건물 내 화장실이 위생적으로 관리되고 있는지 여부
◆ 곰팡이나 물때, 악취 등 유해 요소가 없는지 확인

중요 참고사항

- 준수해야 할 법규: 공중위생관리법과 관련 조례
- 불합격 시 추가 확인 또는 개선을 요구할 수 있으며, 개선 후 재점검이 필요할 수 있습니다.
- 위생 점검 외에 소방(소화기 배치), 사업자 등록증 등 기타 사항들이 관련 부서에서 따로 점검될 수 있습니다.

중요 체크리스트

- 이·미용사 면허증 발급 여부 확인
- 임대차 계약서 준비
- 위생교육 이수증 발급
- 필요 서류 모두 준비(신분증, 위임장 등)
- 관할 구청 위생과 방문 및 신청
- 세금 체납 여부 확인
- 영업 신고증 발급 후 매장 내 게시
- 현장 검증 대비

이·미용서비스 최종지불가격 사전제공[11]

3가지 이상의 이·미용서비스 제공 시 이용자에게 '개별 서비스의 최종지불가격 및 전체 서비스의 총액'에 관한 내역서(이하 '총액내역서'라 한다.)를 미리 제공하고, 내역서 사본을 1개월 동안 보관하여야 합

---
11) 2024년 보건복지부 공중위생관리 사업안내

니다. 3가지 이상 서비스를 제공하면서 총액내역서를 미리 제공하지 않은 경우, 1차 위반: 경고 → 2차 위반: 영업정지 5일 → 3차 위반: 영업정지 10일 → 4차 이상 위반: 영업정지 1월입니다.

1) 총액내역서 제공대상 및 방법
   ◆ 이·미용업자가 3가지 이상의 이용 및 미용서비스 항목을 제공하는 경우
   ◆ 종이 및 이와 유사한 형태의 내역서(권장): 종이 등에 양식을 인쇄하여 원본을 손님에게 제공하고 사본을 영업자가 1개월 동안 보관(총 2부 필요)
   ◆ 전산시스템 및 애플리케이션 등: 영업자 및 손님 모두 1개월 동안 해당 내역서를 보관·확인이 가능하여야 하며, 해당 시스템(애플리케이션)을 사용할 수 없는 손님에게는 종이내역서 등을 제공
   ◆ 시스템 등의 서버에 데이터베이스 형태로 저장하는 것 포함(다만, 영업자 및 손님이 해당 정보에 자유롭게 접근 가능)

2) 총액내역서 포함사항
   ◆ 개별 이·미용서비스 항목(품목) 및 가격
   ◆ 서비스 제공행위(주로 기본요금)와 추가 항목에 따른 가격
   ◆ 염색제, 펌제, 영양제 등 제품명은 추가 금액 발생 시 표기(예시 참고)
   ◆ 할인, 쿠폰 등을 적용하여 비용에 변동이 생길 경우 해당 사항 표기(예시 참고)
   ◆ 개별 항목별 금액이 포함된 전체 서비스 총액(합계액)
   ◆ 개별 서비스 항목(품목)별 가격을 합산한 것

3) 서비스 항목 판단기준

◆ 이용업: 통상적으로 행하는 '이발', '머리 감기', '면도'를 함께 제공(패키지)하는 경우 1개 항목으로 간주하나, 별도 제공 시 각각 1개의 항목에 해당되며, 염색 등 기타의 서비스는 별도의 항목

◆ 미용업: 통상적 미용서비스 항목에서 기본요금 외에 추가한 행위나 제품으로 비용이 발생하는 경우 각각 1개의 항목

총액내역서 (예시)

업소명

고객명	박○○ 서명 박○○		
담당자	이○○		
서비스 내용	기본요금	추가요금	비고
세팅펌	100,000	20,000	기장 추가
		20,000	A사 펌제
염색	50,000	10,000	기장 추가
		10,000	B사 염색제
모발클리닉	40,000	-	
할인 내역	5,000	-	-
합계	245,000	-	-

비용 발생 항목	세팅펌	기장 추가 비용	고급 펌제 비용	염색	모발클리닉
항목 수	①	②	③	④	⑤
총액내역서	제공대상 아님	제공대상 아님	제공대상	제공대상	제공대상

* 이용사와 미용사 면허를 모두 소지한 자의 이·미용업소 모두 영업 가능[12]

---

12) 2024년 보건복지부 공중위생관리 사업안내

「공중위생관리법」상 다른 종류 영업 간의 겸업(兼業)을 금지하지 않고 있어 이용사와 미용사 면허를 모두 소지한 자는 각각의 영업에 필요한 시설 및 설비기준을 모두 갖추고 영업 신고를 하여 동시 개설 및 운영이 가능합니다. 단, 한 장소에 영업 신고를 같이하는 경우 각각 영업장이 독립된 영업장으로 분리(층이나 벽), 구획(칸막이, 커튼 등)이 필요합니다.

> **공유미용실(산업통상자원부 규제실증특례)**
> - 1개 영업장 내에서 2개 이상의 미용업을 함께하는 경우 시설(샴푸실, 고객 대기실 등) 및 설비(샴푸대, 열처리 파마기기 등) 공유 가능
> - 사업 신청 및 접수 등 문의처
>   대한상공회의소 규제샌드박스실(02-6050-3184)
>   한국산업기술진흥원 규제샌드박스지원팀(02-6009-3705)
> - 실증특례부여 조건: 손해배상책임보험 가입, 공중위생관리법 위반 시 원인제공자 처벌 또는 처분(다만 원인이 확인되지 않을 경우 공동책임), 입점미용사 모두 영업 신고 필수
> - 실증 승인기업은 '실증을 위한 규제특례 확인서'를 통해 확인(산업통상자원부 발급)

2-4. 사업자 등록증 발급

영업 신고증 발급을 받으셨나요?

미용실을 창업하고 정식 영업을 시작하려면 영업 신고증 발급 다음으로 사업자 등록증 발급은 필수적인 절차입니다. 이는 국세청에 세무 신고 및 각종 법적 의무를 이행하는 첫 단계로, 미용실 운영에 있어 가장 기본적이면서도 중요한 부분입니다. 다음에서는 사업자 등록증을 발급받기 위해 필요한 조건, 준비 서류, 그리고 신청 방법에 대해 상세히 안내합니다.

이·미용실 사업자 등록 신청을 위해서는 다음의 조건을 충족해야 합니다.

1) 미용실 영업 신고증

미용업을 합법적으로 운영하기 위해 필요한 서류로, 지역 해당 부서(위생과)에서 발급받는 문서입니다. 이는 미용사가 미용사 면허증을 소지하고, 미용실이 관련 법적 기준과 위생 조건을 충족했음을 증명하는 신고 절차를 완료한 후에 발급됩니다.

2) 이·미용사 면허증 소지

이·미용실을 운영하려면 반드시 이·미용사 면허증이 있어야 합니다. 이 면허증은 관할 구청의 위생과에서 발급합니다. 관련 자세한 내용은 1장 면허증 발급 절차에서 자세히 설명하였습니다. 이·미용업에 종

사할 수 있는 자격을 검증하는 중요한 서류이므로 창업 준비 과정에서 미리 준비해야 합니다.

3) 임대차 계약서

이·미용실을 운영할 적절한 장소가 필요합니다. 이때 일반적으로 사업장의 임대차 계약서를 제출해야 하며, 계약서에는 사업장을 운영할 권리가 명시되어 있어야 합니다. 만약 자신 소유의 건물을 사용할 경우 해당 건물의 등기부등본으로 대체 가능합니다.

✂ 사업자 등록 신청 및 필요 서류

- ◆ 대표자의 신분증: 주민등록증, 운전면허증 등 본인 확인이 가능한 신분증 사본
- ◆ 이·미용사 면허증: 이·미용업 종사자임을 증명하는 필수 서류
- ◆ 영업 신고증: 해당 관할 부서에서 발급
- ◆ 임대차 계약서 사본: 임차 사업장의 계약 내용 증명(만약 건물이 자가일 경우, 등기부등본)
- ◆ 기타 서류:
- - 법인사업자의 경우: 법인 등기부등본, 법인 인감증명서 등 추가 서류
- - 공동사업자의 경우: 공동사업자 계약서 및 각 대표자의 신분증
- - 전대사업자의 경우: 건물 소유주의 동의서(전대 계약서를 사용할 경우)

* 상황에 따라 추가 서류가 다를 수 있으니 관할 세무서에 사전에 문의하여 본인의 상황에 맞는 서류를 확인하세요.

✂ 사업자 등록 신청 방법

사업자 등록 신청은 창업자 편의를 위해 방문 신청, 온라인 신청, 우편 신청의 세 가지 방법으로 진행할 수 있습니다. 각각의 방법을 설명 드립니다.

1) 방문 신청

가장 전통적인 방법으로, 관할 세무서를 직접 방문하여 신청서를 작성하고 관련 서류와 함께 제출하는 방법입니다. 관할 세무서는 사업장이 위치한 주소를 기준으로 지정됩니다. 신청서류를 검토 후, 신청 즉시 등록증을 발급받을 가능성이 높습니다. 다만 서류 검토가 추가로 필요한 경우 3~5일 정도 소요될 수 있습니다.

2) 국세청 홈택스 hometax.go.kr(온라인 신청)

온라인에서도 사업자 등록증 신청이 가능합니다.

하나, 국세청 홈페이지 홈택스(www.hometax.go.kr)에 접속합니다.

둘, 회원가입 및 로그인을 완료한 후, 사업자 등록 신청 메뉴로 이동합니다.

셋, 신청서 작성 및 첨부 서류 업로드 후 제출하면 완료됩니다.

이 방법은 세무서를 방문할 필요 없이 간편하게 진행할 수 있어 시간 절약과 접근성 면에서 매우 유용합니다.

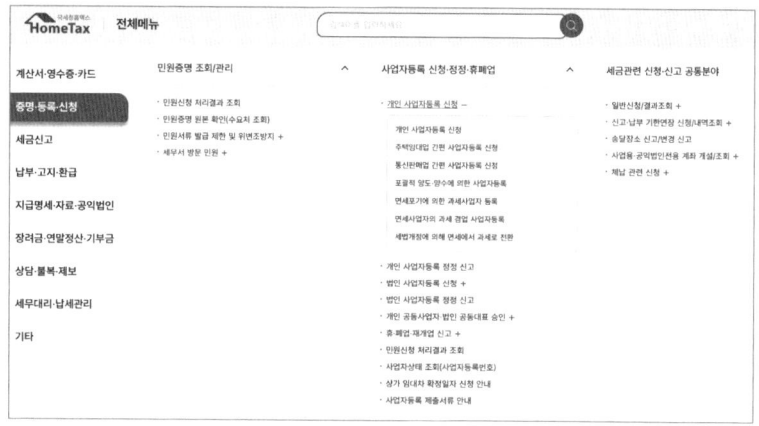

홈택스 메인 화면

3) 우편 신청

직접 방문하지 않고 우편으로도 신청이 가능합니다. 신청서를 작성한 뒤 준비된 서류를 첨부하여 관할 세무서로 발송하면 됩니다. 우편 접수의 경우, 세무서에서 서류를 받은 뒤 검토 후 등록증을 발급하므로 처리 기간이 상대적으로 길어질 수 있습니다. 관련 연락을 위해 연락처를 정확히 기입하고, 추후 서류 수령을 위해 등기로 보내는 것을 추천드립니다.

✂ 사업자 등록증 발급 과정에서 세무서가 추가 검토를 해야 하는 대표적인 사례

1) 전 사업자의 폐업이 완료되지 않은 경우

사업장 주소지가 이미 다른 사업자로 등록되어 있는 경우라면, 기존 사업자의 폐업 처리가 완료되었는지 확인이 필요합니다. 이때, 전 사업자의 폐업 신고가 이루어지지 않았다면, 해당 주소를 새로운 사업장으로 등록하기 어렵습니다. 기존 사업자와 중복되는 주소 문제를 해결해야 하므로 세무서에서 직접 기존 사업자의 상태를 검토하고 처리하게 됩니다.

2) 전대차 계약일 경우

임차인이 다시 다른 사람에게 임차권을 양도해 임대차를 하는 전대차 계약 상태일 경우, 사업장이 실제로 사용 가능한지 추가 확인이 필요합니다. 이 상황에서는 전대차 계약서뿐만 아니라 건물 소유주의 사용 승낙서 등 추가 서류가 요구될 수 있습니다. 세무서는 이러한 서류를 검토한 후 등록 여부를 결정합니다.

3) 임대차 계약에 2명 이상의 임차인이 있을 경우

임대차 계약서상에 동일한 주소를 사용하는 임차인이 2명 이상 기재되어 있다면, 사업장 사용 권한이 명확하게 정리되어 있는지 확인해야 합니다. 이러한 경우에는 각 임차인의 동의 여부와 계약상 조건을 명확히 증명하기 위해 추가 서류를 요청하거나 심사를 진행하게 됩니다.

✂ 사업자 등록 완료 후 유의사항

사업자 등록증을 발급받으면, 이는 곧 정식 사업자로 인식된다는 것을 의미합니다. 따라서 미용실 운영과 관련된 납세 의무를 성실히 이행해야 합니다. 주요 유의사항은 다음과 같습니다.

1) 부가가치세 신고

미용실과 같이 주기적으로 수익이 발생하는 업종에서는 부가가치세 신고가 의무화됩니다. 일반과세자와 간이과세자로 나뉘며, 매출 금액에 따라 신고 방식이 달라질 수 있습니다. 이를 미리 알아보고, 주기적으로 홈택스를 통해 신고 및 납부하는 것이 중요합니다.

2) 소득세 신고

사업 운영이 시작되면 매년 소득세 신고를 해야 합니다. 이는 개인 사업자의 세금 의무로, 전문 세무사의 도움을 받거나 홈택스를 통해 스스로 신고가 가능합니다.

3) 사업장 변경 및 업데이트

사업 확장, 명의 변경, 주소 변경 등이 발생하면 즉시 세무서에 신고

해야 합니다. 미용실 특성상 간판이나 운영 환경 변경도 감독기관에 보고할 필요가 있으니 이런 점들을 놓치지 마세요.

4) 의무보험 가입

고용 인원이 생기면 4대 보험(건강보험, 국민연금, 고용보험, 산재보험) 가입 의무가 발생합니다. 초기에 직원 1명이라도 고용하는 경우 관련 법규 준수를 확인하세요.

✂ 미용실 사업자 과세 유형

1) 일반과세자로 미용실 사업을 시작하려는 경우

- ◆ 세금계산서 발급 가능: 거래 신뢰도를 확보하고, 거래처(특히 중대형 거래처)의 요구를 충족할 수 있습니다. 세금계산서를 통한 거래로 인해 투명한 사업 운영이 가능하며, 사업 확장 시 유리한 조건을 제공합니다.
- ◆ 매입세액 공제 가능: 미용실 운영에 필요한 장비나 소모품(예: 미용 기기, 샴푸, 염색제 등)을 구입할 때 포함된 부가가치세를 공제받을 수 있습니다. 이를 통해 실제 납부해야 할 부가세를 줄일 수 있어 세금 부담을 경감할 수 있습니다.
- ◆ 규모가 큰 사업에 유리: 연 매출이 높거나, 중·대형 거래처와의 계약 및 거래 비중이 클 경우, 이 과세 방식이 적합합니다. 거래처와의 협력 관계를 강화하고, 협상에서 이점을 가질 수 있습니다.
- ◆ 투명성: 세금계산서를 발급하고 투명성을 유지하면 세무적으로 안정적

인 사업 이미지를 구축할 수 있습니다. 향후 사업 대출이나 기타 금융 거래에서 신뢰도를 높이는 데 도움이 됩니다.

◆ 복잡한 세금 신고 절차: 일반과세자는 1년에 4번(분기별) 부가세 신고를 해야 하며, 신고·납부 절차가 간단하지 않음으로 인해 초보 사업자에게 부담이 될 수 있습니다. 익숙하지 않을 경우, 세무사를 고용하거나 전산 프로그램을 적극 활용해야 할 가능성이 큽니다.

◆ 높아지는 세금 부담: 사업 매출이 증가하면 그에 비례해 납부해야 할 부가세도 늘어나게 됩니다. 예를 들어, 연 매출이 높아질수록 부가가치세 10% 부담이 커질 수 있으며, 수익 관리가 철저하지 않으면 재정적으로 어려움을 겪을 수도 있습니다.

◆ 초기 준비 및 관리 필요: 장비와 운영 경비를 위한 거래에서 세금계산서를 활용하려면 이에 따른 정산 기록을 철저히 해야 합니다. 비용(매입)과 매출 간의 체계적인 관리가 필요하며, 이에 소요되는 시간과 노력이 클 수 있습니다.

2) 간이과세자로 미용실을 운영할 경우

◆ 낮은 세율 적용: 간이과세자는 업종에 따라 0.5~3%의 낮은 부가가치세율이 적용됩니다. 미용업은 서비스업으로 주로 상대적으로 낮은 세율이 적용됩니다.

◆ 단순한 신고 절차: 부가가치세 신고와 납부 절차가 일반과세자보다 훨씬 간단하여 세무 관리 부담이 적습니다.

◆ 낮은 세금 부담: 연 매출 1억 400만 원 이하일 경우 부가세 부담이 일

반과세자에 비해 상대적으로 낮아 초기 창업자의 부담을 줄여 줍니다.
- ◆ 소규모 사업 운영에 적합: 세금 문제로 복잡한 계산이나 관리가 필요 없어 소규모 자영업자에게 유리합니다.
- ◆ 세금계산서 발급 불가: 연 매출 4,800만 원 미만 간이과세자는 거래 시 세금계산서를 발급할 수 없습니다. 이로 인해 법인이나 중대형 거래처와의 거래가 제한될 수 있습니다.
- ◆ 매입세액 공제 제한: 매입과 관련된 세액 공제가 제한되기 때문에, 사업 운영에 필요한 물품 구매 시 세금 환급 혜택을 누리지 못합니다. (예: 원재료나 미용 장비 구입 비용 중 부가세 공제 불가능)
- ◆ 일반과세자로 전환 위험: 연 매출이 1억 400만 원을 초과하면 자동으로 일반과세자로 전환됩니다. 이 경우, 더 높은 세율과 복잡한 세무 신고 절차에 적응해야 합니다.

3) 일반과세자? vs 간이과세자?

　2024년 7월 1일부터 간이과세자 기준금액이 상향 조정되었습니다. 기존 8,000만 원이었던 기준금액이 1억 400만 원으로 올랐습니다. 신규 사업자의 경우, 연 매출 예상액이 1억 400만 원을 초과할 것으로 예상되면 일반과세자로 신고합니다. 반면에 연간 매출액이 1억 400만 원 이하인 소규모 사업자가 간이과세자로 분류됩니다. (단, 간이과세 배제지역 제외) 농·축·수산물 도매업, 과세유흥업소, 부동산 임대업 중 일정 조건에 해당하는 경우 등은 간이과세 대상에서 제외됩니다. (법령 및 업종에 따라 확인 필요)

일반과세자는 매입세액 공제를 받을 수 있기 때문에 초기 투자나 운영 과정에서 많은 비용이 발생하는 경우 유리합니다. 반면에 간이과세자는 상대적으로 단순한 신고 절차로 소규모 사업자에게 적합하며, 세금 부담이 줄어들 가능성이 있습니다.

각각 단점도 존재합니다. 일반과세자는 매입세액 공제를 포함한 부가가치세 신고가 상대적으로 복잡합니다. 매출액이 낮은 경우에도 고정적으로 부가가치세 10%가 적용되므로, 세 부담이 높아질 수 있습니다. 그리고 간이과세자는 매입세액 공제가 제한되므로, 매입 비용이 많이 드는 사업일 경우 불리할 수 있습니다. 거래처에서 신뢰도가 낮다고 판단할 가능성이 있으며, 세금계산서를 발급할 수 없습니다.

직전 연도 연매출(공급대가)이 1억 400만 원 이상이면 다음 해 7월 1일부터 자동으로 일반과세자로 전환됩니다. 반대로, 매출 감소로 간이과세 기준에 해당되더라도 즉시 간이과세자로 전환되지 않으며, 일정 요건 및 과세 기간 절차를 따릅니다.

✂ 미용실 법인사업자 등록 절차

1) 사업 계획 수립

사업의 형태, 규모, 운영 계획 등을 명확히 합니다. 필요시 법률 및 세무 전문가와 상담하여 구조를 설계합니다.

2) 법인 설립 등기

법인을 설립하려면 주무 관청에 설립 등기를 해야 합니다. 법원 등기소를 통해 설립 등기 신청을 완료합니다. 등기 시 납부해야 할 등록면허세 등 각종 비용이 발생합니다.

* 준비할 서류: 법인 정관, 임원 명부, 주주 명부 및 출자금 증빙, 법인설립허가서(서비스업의 경우 필요할 수 있음)

3) 사업자 등록

설립 등기가 완료된 후, 국세청 관할 세무서에서 법인사업자 등록증을 신청합니다.

* 제출 서류: 법인 설립등기부등본, 정관 사본, 임대차 계약서(사업장 주소 증빙), 주주명부 및 기타 요청 서류

4) 기타 신고 및 등록

- ◆ 4대보험 관리: 근로자를 고용하는 경우 4대보험(건강보험, 국민연금, 고용보험, 산재보험) 가입
- ◆ 위생업소 신고: 미용업은 관할 보건소에 위생업소로 신고
- ◆ 상표 또는 브랜드 등록(선택사항): 브랜드화 계획이 있다면 상표 등록 진행

5) 법인사업자의 법적 요건

- ◆ 최초 자본금: 법인 설립 시 최소 출자금이 필요하며, 사업 성격 및 규모에 따라 다를 수 있습니다. 소자본으로 시작할 경우 최소 자본금을 정리한 뒤 주주들이 출자합니다.

- 주주 및 임원 구성: 최소 1인의 대표이사와 주주가 필요합니다(한 사람이 모두 담당 가능).
- 정관 작성: 법인의 목적, 사업 형태, 지분 구조 등을 명시한 정관을 준비해야 합니다.

6) 세무 관리

- 법인세: 법인사업자는 개인사업자와 달리 매년 법인세를 납부해야 합니다. 소득이 비례적으로 증가할 때 세율이 다를 수 있으므로 매출 규모에 따른 세금 계획이 필요합니다.
- 매출 및 전표 관리: 법인의 모든 거래는 투명하게 기록되어야 하며, 이를 위해 전문 회계 소프트웨어나 세무사를 사용하는 것이 일반적입니다.
- 부가가치세(VAT): 매출세액과 매입세액을 매 분기별로 정산하여 부가가치세를 신고해야 합니다.

7) 법인사업자 경우 이점

첫째, 사회적 신뢰도가 상승합니다. 법인사업자는 계약 체결이나 투자 유치 과정에서 신뢰를 더 받을 수 있으며, 브랜드화 작업에도 유리합니다. 둘째, 지분 분배가 용이합니다. 투자자나 협력자를 주주로 초청할 수 있어 자본을 조달하거나 사업을 확장하는 데 유리한 구조를 제공합니다. 셋째, 세금 공제 혜택을 받을 수 있습니다. 법인은 비용 처리 범위가 더 넓기 때문에, 상황에 따라 세금 부담을 줄이는 데 도움이 될 수 있습니다.

그러나 법인사업자 단점도 존재합니다. 우선, 비용이 증가합니다. 법인을 설립하고 유지하는 과정에서 등기, 세무, 회계 관련 비용이 발생합니다. 또한, 관리가 복잡해집니다. 재무 관리와 세금 관련 의무가 개인사업자와 비교했을 때 더 복잡하고 체계적인 관리가 필요합니다.

✂ 미용실 전대차 계약에 의한 사업자 등록

전대차 계약은 기존 임차인(전대인)이 자신이 임대인의 동의하에 임차한 부동산(예: 상업용 공간)을 제3자(전차인)에게 다시 임대하는 계약을 의미합니다. 이는 일반적인 임대차 계약과 다소 구별되며, 미용실 사업자처럼 정해진 규제 조건(예: 면허 소유자당 운영 가능한 미용실 수 제한)을 우회하거나 목적으로 이용되곤 합니다.

1) 전대차 계약의 구조
- ◆ 전대인(기존 임차인): 원래 임대인과 계약을 맺고 해당 부동산을 임차 중인 사람입니다. 전대차 계약을 통해 그 공간을 제3자에게 다시 빌려줍니다.
- ◆ 전차인(제3자): 전대인을 통해 해당 부동산을 이용할 권리를 부여받는 사람입니다.
- ◆ 임대인(건물주): 부동산의 소유자이고, 처음부터 전대인과 계약을 맺은 당사자입니다.

2) 전대차 계약이 필요한 경우

미용실 사업자는 면허 제한으로 인해 법적으로 1개의 미용실만 소유 운영할 수 있어 추가적으로 미용실을 직접 소유할 수 없습니다. 따라서 여러 개의 미용실 즉, 사업 확장 목적으로 법적 제한을 우회하고자 하는 경우 전대차 계약을 활용할 수 있습니다.

3) 전대차 계약 체결 시 유의사항

전대차 계약은 전대인, 전차인, 임대인의 이해관계가 얽혀 있으므로 다음 사항에 유의해야 합니다.

▶ 임대인의 동의 필수

한국의 민법(제629조)에 따르면, 기존 임차인이 해당 부동산의 일부 혹은 전부를 전대하려면 반드시 임대인(건물주)의 사전 동의를 받아야 합니다. 임대인의 동의 없이 전대차 계약을 체결하는 경우, 이는 원 임대차 계약 내용을 위반하게 되어 계약이 해지될 수 있습니다.

▶ 전대차 계약과 원 임대차 계약의 관계

전대차 계약은 원 임대차 계약에 종속됩니다. 따라서 원 임대차 계약이 종료되면(예: 계약 기간 만료, 해지 등) 전대차 계약 역시 효력이 상실됩니다. 전대인은 자신이 원 임대차 계약상에서의 권리를 보유하고 있어야 전차인에게 권리를 부여할 수 있으므로, 원 임대차 계약 조건(예: 기간, 임대료)을 명확히 이해해야 합니다.

▶ 책임 관계

일반적으로 임대인은 원 임차인(전대인)에게만 직접 책임을 물을 수 있습니다. 다시 말해, 전차인이 계약을 위반하더라도 임대인은 전대인에게 책임을 물으며, 전대인은 전차인에게 별도로 책임을 추궁해야 합니다. 따라서 전대인은 전차인과 전대차 계약 시 권리와 책임을 명확히 규정해야 합니다.

▶ 전대료(임대료) 책정

전대인이 전차인에게 받는 전대료(임대료)는 임대인에게 지불해야 할 임대료와 비교해 자율적으로 설정할 수 있으나, 지나치게 높거나 낮게 책정될 경우 분쟁 발생 가능성이 있습니다.

▶ 계약 내용 구체화

전대차 계약 시 다음 내용을 포함하면 향후 문제가 발생했을 때 대비할 수 있습니다.

◆ 계약 목적(전대차의 목적, 전대하는 공간의 상세 정보)
◆ 계약 기간(원 임대차 계약의 기간 내에서 설정)
◆ 임대료 및 지급 방식
◆ 유지·보수 책임(설비 및 시설의 유지·보수 책임을 누구에게 둘 것인지 명확히 설정)
◆ 계약 해지 조건
◆ 원 임대차 계약 종료 시의 처리 방법

4) 전대차 계약의 장단점

장점으로는 첫 번째로, 전대인은 자신이 이용하지 않는 공간이나 권리를 활용하여 추가 소득을 얻을 수 있어 경제적 이점을 누릴 수 있습니다. 이는 기존의 자산을 효율적으로 활용하여 별도의 큰 투자 없이도 수익을 창출할 수 있다는 점에서 매우 유용합니다. 두 번째로, 법 규제를 우회할 수 있는 가능성을 제공합니다. 예를 들어, 미용실 사업과 같이 면허 제한이 있는 업종의 경우, 전대차 계약을 통해 면허를 보유한 기존 사업자의 공간에서 추가 미용실을 운영할 수 있으므로 법적 제한을 완화하는 효과를 기대할 수 있습니다. 마지막으로, 유연한 공간 활용이 가능합니다. 기존 공간의 일부를 다른 사업자에게 빌려줌으로써 공간의 효율성을 극대화하고, 자원을 최적화하여 활용할 수 있습니다. 이처럼 전대차 계약은 자원의 최대 활용과 추가적인 경제적 이점을 제공하는 유용한 방법입니다.

단점으로는 먼저, 법적 분쟁의 위험이 있습니다. 임대인의 사전 동의 없이 전대차 계약을 체결하는 경우, 이는 계약 위반으로 간주될 수 있으며 법적 문제가 발생할 소지가 있습니다. 또한, 계약 종료 리스크도 존재합니다. 원 임대차 계약이 종료되면 전차인은 더 이상 해당 공간을 사용할 수 없게 되어 비즈니스 운영에 큰 영향을 미칠 수 있습니다. 마지막으로, 책임 전가 문제도 고려해야 합니다. 전차인이 계약을 위반할 경우, 그에 대한 책임은 전대인이 우선적으로 부담해야 하기 때문에 전차인의 행동과 계약 준수 여부에 대한 관리가 매우 중요합니다.

▶ 미용실 사업에서 전대차 계약의 특수성

미용실의 경우 전대차 계약 형태로 신규 공간을 확보하면, 기존 임차인을 통해 간접적으로 사업을 확장하는 효과를 기대할 수 있습니다. 하지만 이는 실질적으로 면허 제한 규정을 우회하는 형태이므로, 필요시 법적 검토를 진행하는 것이 좋습니다. 또한, 미용실의 전대차는 주로 상업적 공간이므로 계약서 작성 시 영업 권리와 책임 소재를 명확히 해야 향후 분쟁을 방지할 수 있습니다.

▶ 관련 법률
- 민법 제629조: 임차인은 임대인의 동의 없이 목적물을 전대할 수 없습니다. 임대인의 동의 없이 전대차 계약을 체결한 경우, 임대인은 임대차 계약을 해지할 수 있습니다.
- 상가건물임대차보호법: 상가건물의 임대차에 대해 특정한 보호를 제공하나, 전대차 계약에서는 원 계약의 제한이 중요합니다.

결론적으로, 미용실 사업에서 전대차 계약은 부동산 공간을 활용하거나 규제를 우회하기 위한 유용한 방법이 될 수 있습니다. 그러나 전대차 계약의 법적 요건, 임대인의 동의 여부, 원 임대차 계약과의 관계 등을 철저히 검토해야 하며, 필요시 법률 전문가와 상의하는 것이 좋습니다.

5) 미용실 사업자 등록 시 추가적으로 확인해야 할 사항

먼저, 사용하고자 하는 상호명에 대한 사전 검토를 반드시 진행해야 합니다. 사업자 등록 신청 전, 생각해 둔 상호명이 이미 다른 사업자에 의해 등록되어 사용 중인지 확인하는 것이 중요합니다. 이를 확인하려면 국세청의 상호명 조회 서비스나 홈택스를 활용할 수 있습니다. 동일하거나 중복된 상호는 사용할 수 없으므로, 미리 창의적이고 독창적인 이름을 준비하는 것이 필요합니다. 다음으로, 사업 운영 초기에는 세무 신고 절차가 복잡하게 느껴질 수 있으므로, 인근 세무 사무소나 세무사로부터 도움을 받는 것이 현명합니다. 특히 초기 단계에서는 무료 상담을 제공하는 세무사가 많으므로, 이러한 서비스들을 적극적으로 활용하면 세무 관련 절차를 보다 쉽게 이해하고 진행할 수 있습니다.

마지막으로, 창업 자금 대출 및 지원금에 대한 정보를 확인해야 합니다. 창업 초기에 사용할 자금이 부족하다면, 소상공인진흥공단 등의 정부 또는 관련 기관을 통해 창업 지원금을 신청할 수 있는지와 그 조건을 확인하는 것이 중요합니다. 이러한 기관에서는 창업자를 대상으로 한 다양한 금융 및 비금융 지원 프로그램을 제공하고 있으므로, 미리 자격 요건과 신청 절차를 알아보는 것이 도움이 됩니다.

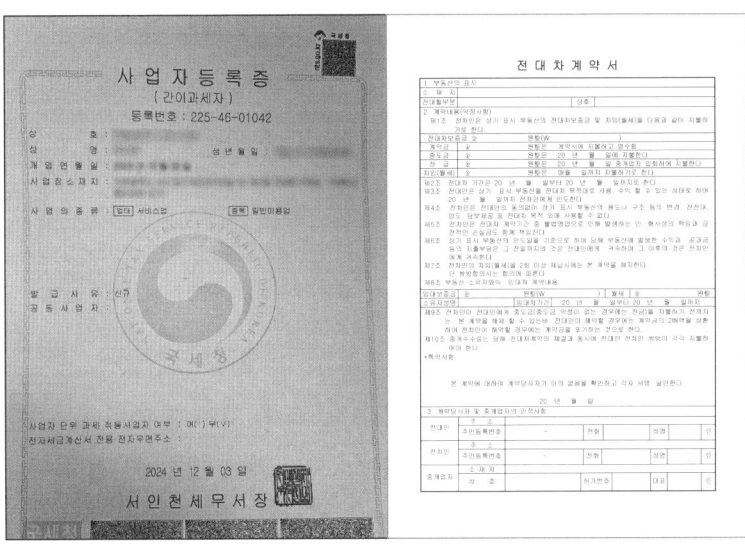

미용실 창업 절차 개요

✂ 미용실 오픈 1주일 전

오픈 전 1주일 동안 카드 단말기 신청 및 네이버 스마트플레이스 및 예약 메뉴를 등록합니다. 오픈 당일 고객들의 신용카드 사용에 불편함을 없애고 네이버 등록으로 검색 시 매장이 노출되며 예약이 가능해야 합니다.

1) 카드 단말기 설치 및 결제 시스템 준비 시간 필요

대부분의 고객은 신용카드로 결제하기 때문에 미용실 운영에서 카드 단말기는 필수입니다. 그러나 카드 단말기를 신청하고 설치하기 위해서는 발급받은 사업자 등록증이 반드시 필요합니다. 카드 단말기 설치 및 결제 시스템에 필요한 서류는 다음과 같습니다.

- ◆ 사업자 등록증 사본
- ◆ 본인 명의 통장 사본
- ◆ 신분증
- ◆ 매장의 외관 실제 사진 및 내부 사진
- ◆ 사업장 명의의 유선전화 번호 및 이메일

카드 단말기 신청부터 승인이 완료되기까지는 카드사별로 3~5일 정도 소요되며, 따라서, 사업자 등록증 발급이 늦어지면 카드 단말기 준비가 지연될 가능성이 큽니다. 오픈 당일부터 고객에게 매끄럽게 결제 서비스를 제공하려면 미리 사업자 등록증을 발급받고 단말기 신청 절차를 진행해야 합니다.

2) 세무서에서 개업 예정일 신청이 가능

　미용실의 정식 오픈을 위해서는 세무서에 사업자 등록 신청이 필수입니다. 이때, 오픈 전 세무서를 방문하여 실제 오픈일로부터 최소 1주일 후로 예정 신고가 가능합니다. 예를 들어, 오픈일이 2024년 12월 1일이라면, 11월 24일에 사업자 등록증 발급을 받으면서 개업 신고일을 12월 1일로 설정하면 세금이 부과되는 기준일을 명확히 설정할 수 있습니다. 해당 기간에 카드 단말기 신청 및 네이버 스마트플레이스, 예약 세팅 시간을 가질 수 있습니다.

3) 네이버 스마트플레이스 및 예약 설정

　네이버 스마트플레이스 등록 및 고객 예약 시스템 구축을 합니다. 사업자 등록증이 있어야 네이버 및 기타 플랫폼에 매장을 등록하거나 예약 서비스를 활성화할 수 있습니다. 서류를 검토하고 승인하는 데는 시간이 걸릴 수 있으므로, 사업자 등록증 발급을 서둘러 미리 대응할 시간을 확보해야 합니다.

✂ 미용실 오픈 1~2일 전

◆ 카드 단말기 설치완료 확인

◆ 인터넷 설치

◆ 고객 관리 프로그램 설치

◆ 정수기 및 기타 렌털 제품 설치

◆ 미용기구 설치

◆ 가장 중요한 팁! 오픈 마케팅 준비하기

* 오프라인 마케팅과 온라인 마케팅으로 나누어 미리 준비

사업자 등록증 발급은 미용실 오픈 준비를 위한 첫걸음이자 필수 절차입니다. 여유를 두고 최소 오픈 1주일 전에 발급을 완료하십시오. 이를 통해 카드 단말기 세팅, 영업 신고, 네이버 스마트플레이스 및 예약 등록 등의 다양한 준비를 무리 없이 진행할 수 있으며, 고객들을 맞이할 완벽한 첫날을 준비할 수 있습니다. 시간적인 여유는 곧 성공적인 오픈을 위한 가장 큰 무기가 될 것입니다.

03
미용실 상가 임대차 계약서 작성

 미용실을 처음 창업하면서 상가 임대차 계약서를 작성하는 것은 많은 초보 창업자들에게 낯설고 막막하게 느껴질 수 있습니다. 특히, 중요한 법적 요소들과 세부 조건들을 처음 마주한다면 더더욱 두려움이 앞설 것입니다. 하지만 상가 임대차 계약은 미용실 운영의 기초가 되는 중요한 과정입니다. 이번 장에서는 처음 계약을 시도할 때 알아야 할 핵심 요소들을 정리하였습니다.

✂ 계약 전 확인 항목

 상가 계약 전, 직접 상가를 방문하여 해당 공간이 미용실 운영에 적합한지 면밀히 점검하는 것이 필수입니다. 다음과 같은 구체적인 요소들을 확인하세요.

- ◆ 건물 상태: 건물이 오래되었거나 시설이 부족한 경우, 추후 대규모 수리비가 발생할 가능성이 있습니다. 특히 건물 외관뿐 아니라 내부 시설(전기 배선, 배수 시스템, 에어컨 등)의 상태를 점검하세요.
- ◆ 소방 및 안전 기준: 건물이 소방 기준을 충족하지 않으면 사업 허가가 나오지 않을 가능성이 있습니다. 비상구, 소화기 설치 여부 등도 확인해야 합니다.
- ◆ 입지 조건: 상가 주변 유동 인구, 경쟁 업체 분포, 주변 상권의 활성화 정도를 분석하세요. 특히 고객층과의 접근성이 중요한 미용실은 시야 확보와 출입 편리성이 중요한 요소입니다.

계약 전 반드시 해당 건물이 법적으로 사업 운영에 문제가 없는지 확인해야 합니다. 아래 서류를 통해 보다 철저하게 점검하세요.

- ◆ 등기사항 전부 증명서: 건물이 근저당, 가압류, 가처분 등의 법적 문제가 없는지 확인합니다. 이것이 누락될 경우, 추후 소송 등의 법적 분쟁이 발생할 위험이 있습니다.
- ◆ 건축물대장: 해당 건물이 비주거용인지, 상업시설로 허가된 용도인지 명확히 확인해야 합니다.
- ◆ 미용업 허가 가능 여부: 상가가 미용실 업종을 허가하지 않는 경우도

있으므로, 이를 반드시 점검해야 합니다.

기존 세입자가 있는 상가라면, 권리금 문제를 꼼꼼히 따져 보아야 합니다. 권리금 협의 시 주의해야 할 사항은 다음과 같습니다.

- ◆ 권리금 과다 요구 여부: 터무니없이 높은 권리금을 요구하는 경우, 초기 비용 부담이 지나치게 커지고 수익성 유지가 어려울 수 있습니다.
- ◆ 협의 및 조정: 권리금 액수를 적정 수준으로 줄이는 협상이 필요하다면 건물주와 중재를 요청해 현실적으로 조정하세요.

✂ 계약서 관련 핵심 항목

상가 계약서 작성은 구두 협의만으로 끝나는 일이 절대 아닙니다. 계약서에 명확히 명시해야 추후 분쟁이나 오해를 방지할 수 있습니다. 다음은 반드시 꼼꼼히 검토해야 할 계약서 관련 핵심 항목들입니다.

1) 임대료·관리비 명시 확인

계약서에 월 임대료와 관리비가 구체적으로 명시되어 있는지 확인해야 합니다. 관리비에 포함된 항목(청소, 엘리베이터 유지, 주차 등)을 세부적으로 파악하여 불필요한 논쟁을 합니다. 임대료 인상 조항이 포함된 경우, 인상 시기와 기준(물가 상승률 또는 기타)이 명확히 규정되었는지 체크하세요.

2) 계약 기간 확인

안정적 운영을 위해 계약 기간이 충분히 긴 조건인지 확인합니다. 건물주가 계약 중간에 재건축을 이유로 계약을 해지할 가능성을 검토하세요. 계약 갱신 시 추가 비용 발생 여부 및 계약 갱신 가능성을 미리 확인해야 합니다.

3) 수리 책임자 확인

건물의 수리 책임이 건물주와 임차인 중 누구에게 있는지 명확히 기재한 조항이 필수입니다. 시설 고장 시 비용 부담에 대한 사전 합의를 반드시 서면으로 받아 두어야 합니다.

4) 추가 체크해야 할 팁

- ◆ 소음·냄새 문제: 미용실 내에서 발생하는 소음(드라이기, 음악) 및 화학 약품 냄새가 주변 상가 운영에 영향을 미칠 수 있습니다. 이로 인해 추후 분쟁이 발생할 가능성을 고려하세요.
- ◆ 주차시설 확보: 고객의 접근성 향상을 위해 충분한 주차 공간이 있는지, 별도의 주차비가 부과되는지도 확인해야 합니다.
- ◆ 정화조 상태: 미용실 운영 시 헤어커트 잔여물이나 약품이 배출될 가능성이 있으므로 정화조 점검이 필요합니다.

✂ 미용실 직거래 시 추가로 신경 써야 할 것들

　미용실 창업의 첫걸음, 상가 임대차 계약! 특히 건물주와 직접 계약하는 직거래는 중개수수료를 절약할 수 있다는 장점이 있지만, 그만큼 꼼꼼한 준비가 필요합니다. 혹시라도 발생할 수 있는 법적 분쟁이나 불이익을 최소화하고 성공적인 창업을 위해 다음 사항들을 꼭 확인하세요.

1) 건물 및 소유주 정보 확인: 등기사항 전부 증명서 & 건축물대장

　계약 전, 건물의 정확한 정보와 소유주를 확인하는 것은 필수입니다. 다음 두 가지 서류를 통해 꼼꼼히 확인하세요.

- ◆ 등기사항 전부 증명서(구 등기부등본): 건물의 공식적인 소유자, 소유권 이전 과정, 그리고 중요한 것은 근저당권 설정 여부입니다. 근저당권이 설정된 건물은 경매로 넘어갈 위험이 있으므로, 임차인의 권리가 보호받지 못할 수 있습니다. 등기사항 전부 증명서는 대법원 인터넷등기소(www.iros.go.kr)에서 발급받을 수 있습니다.
- ◆ 건축물대장: 건물의 용도, 면적, 구조 등을 확인할 수 있습니다. 미용실 운영에 적합한 용도인지(근린생활시설 등), 불법 건축물은 아닌지 꼭 확인해야 합니다. 건축물대장은 정부24(www.gov.kr)에서 열람 및 발급 가능합니다.

2) 모든 약속은 문서로: 구두 약속의 위험성

아무리 가까운 사이라도, 모든 약속은 반드시 계약서에 명시해야 합니다. 구두 약속은 법적 효력을 갖기 어렵고, 추후 분쟁 발생 시 입증하기도 어렵습니다. 특히 다음과 같은 사항은 반드시 서면으로 작성하고 계약서에 첨부해야 합니다.

- ◆ 인테리어 공사 관련: 원상복구 범위, 공사 기간, 지원 여부 등
- ◆ 영업 관련: 영업시간 제한, 업종 변경 가능성 등
- ◆ 임대료 조정: 임대료 인상률, 인상 시기 등
- ◆ 특약 사항: 기타 구두로 합의한 모든 내용

3) 상가임대차보호법: 나의 권리 지키기

상가임대차보호법은 임차인의 권리를 보호하기 위한 법입니다. 계약 전, 꼭 필요한 내용을 숙지하여 불이익을 당하지 않도록 해야 합니다. 핵심 내용은 다음과 같습니다.

- ◆ 계약 갱신 요구권: 최대 10년까지 계약 갱신을 요구할 수 있는 권리입니다.(단, 일정 요건 충족 필요)
- ◆ 권리금 회수 기회 보호: 임대인은 정당한 사유 없이 임차인의 권리금 회수를 방해해서는 안 됩니다.
- ◆ 대항력: 확정일자를 받은 임대차 계약서는 건물이 경매로 넘어가더라도 보증금을 변제받을 수 있는 권리를 보장합니다.

계약은 끝이 아니라 시작입니다. 계약 후에도 임대료 납부 기록, 관리비 청구서 영수증 등 모든 거래 내역을 정리해 보관하고, 건물주의 연락처를 확보하여 긴급한 상황에서 즉시 도움을 받을 수 있도록 준비하세요. 또한, 임대차 계약 기간 연장 여부와 조건을 사전에 상의하는 것도 잊지 마세요.

상가 임대차 계약은 단순히 미용실 운영을 위한 장소를 정하는 절차가 아니라, 여러분의 창업 성공 가능성을 좌우하는 중요한 첫 단계입니다. 준비된 마음가짐과 체계적인 확인 과정을 통해, 불필요한 걱정을 줄이고 안정적인 미용실 운영의 기반을 마련할 수 있을 것입니다. '첫 창업'은 두렵지만, 철저한 준비는 결실을 맺는 지름길이 될 것입니다.

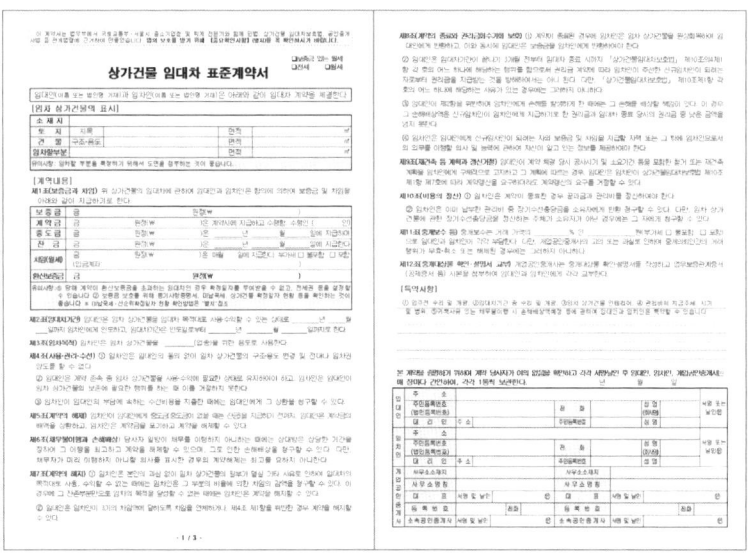

3-1. 미용실 창업자를 위한 등기사항 전부 증명서 알아보기

　상가 임대차 계약은 미용실 창업에 있어서 가장 중요한 첫걸음 중 하나입니다. 이번 내용에서는 미용실 상가 임대차 계약 시 반드시 확인해야 할 서류인 등기사항 전부 증명서(흔히 '등기부등본'이라 불리는 중요한 공식 문서)를 중심으로 계약 당사자가 반드시 알아야 할 사항을 꼼꼼하게 설명하겠습니다.

✂ 등기사항 전부 증명서란?

　'등기사항 전부 증명서'는 부동산의 소유권 또는 권리 관계를 확인할 수 있는 문서입니다. 이 문서에는 상가 건물과 그에 따른 토지의 소유자 정보 및 해당 부동산의 제한 사항 등이 기록되어 있습니다. 온라인 인터넷등기소(www.iros.go.kr)에서 간편하게 열람 및 출력이 가능하며 부동산 계약 과정에서 필수적으로 확인해야 하는 서류입니다.

✂ 발급 방법 3가지

1) 온라인 발급
　인터넷 등기소(www.iros.go.kr)에서 간편하게 발급받을 수 있습니다. 발급 순서는 다음과 같습니다.

인터넷 등기소 접속 → 인터넷 브라우저에서 인터넷 등기소 접속 → 회원가입 및 로그인(공인인증서 또는 공동인증서 필요) → 메인 화면에서 '부동산 등기 발급·열람'을 선택 → '발급' 메뉴를 클릭 → 부동산 소재지(시·군·구, 동·리, 번지)를 입력 → 수수료 결제 → 발급 및 출력 단계로 요청 후 PDF 파일 형태로 발급받아 출력 가능

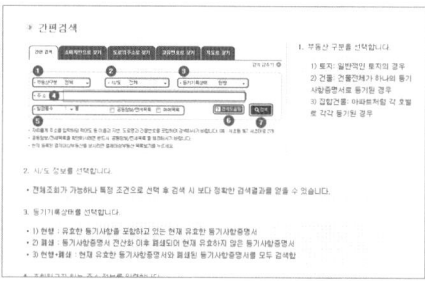

2) 등기소 방문하여 발급

관할 등기소에 직접 방문하여 발급받을 수 있습니다. 발급 순서는 다음과 같습니다.

발급받으려는 부동산이 소재한 관할 등기소로 방문 → 등기사항 전부 증명서 발급 신청서 작성(필요한 부동산 소재지를 정확히 기입) → 건당 1,000원의 수수료를 납부(우편 접수 시 금액 상이) → 등기소에서 즉시 발급

3) 무인 발급기 이용

가까운 무인 등본 발급기를 이용하여 발급 가능합니다. 발급 순서는 다음과 같습니다.

해당 자치단체 홈페이지나 등기소 웹사이트에서 가까운 무인 발급기 위치를 확인 → 화면 운용에 따라 부동산 소재지를 직접 입력 후 발급 신청 → 신용카드로 결제 후 출력

발급받기 전 확인하기

- 발급받고자 하는 부동산의 정확한 정보를 알고 있어야 합니다.(소재지, 번지 등)
- 온라인 발급 시, PDF 파일을 인쇄 가능한 환경이 필요합니다.
- 등기사항 전부 증명서는 법적 효력이 있으므로 보관 및 사용에 유의해야 합니다.

🎀 등기사항 전부 증명서 알아보기

1) 표제부

표제부는 내가 계약하려는 상가가 맞는지 확인하는 과정으로 해당 건물과 토지의 물리적 정보가 담긴 항목입니다. 다음 사항을 확인하세요.

- ◆ 주소지: 계약하려는 상가의 주소 및 호수(층)가 정확히 맞는지 검토하세요. 표제부에 기재된 주소와 내가 인지하고 있는 거래 대상이 일치하지 않을 경우, 잘못된 상가를 계약할 위험이 있습니다.
- ◆ 면적: 건물과 토지의 면적이 등기사항 전부 증명서에 적힌 것과 실제 확인한 면적이 일치하는지 살펴보세요. 임대인이 면적을 부풀려 계약하려는 경우가 있을 수 있으니 꼭 주의해야 합니다.

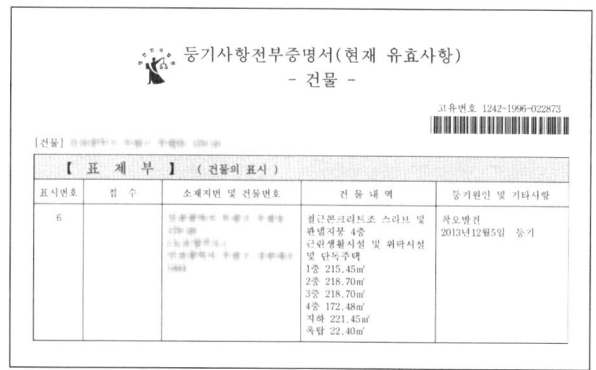

2) 갑구

갑구는 부동산의 건물, 토지 소유권에 관한 정보를 제공하는 부분으로, 해당 상가의 진짜 소유자가 누구인지 명확히 파악할 수 있습니다.

◆ 소유자 정보: 건물과 토지의 소유주 이름이 동일한지 확인하세요. 상가의 건물주는 명의가 같더라도, 토지의 경우 다른 사람이 소유하고 있을 수 있습니다. 일부 사례에서는 임대인이 소유권자와 다른 경우도 있어, 소유권자가 현장에 나와 직접 계약하는지 반드시 확인해야 합니다.

◆ 공유자 여부: 소유자가 여러 명인 경우(공유 상태), 계약하는 임대인이 전체 소유자와 협의한 상태인지 확인해야 합니다. 공유자의 동의가 없는 계약은 이후 법적 분쟁의 원인이 될 수 있습니다.

◆ 건축물대장 정보와의 일치 여부: 소유자의 이름이 건축물대장상 이름과 동일한지 교차 확인하세요. 간혹 소유권 이전 절차가 제대로 반영되지 않아 서류상 다른 소유자로 나타나는 경우가 있을 수 있으므로 주의해야 합니다.

◆ 실제 계약 당사자의 신원 확인: 계약 당일에는 갑구상 소유권자가 직접 나왔는지 확인하세요. 만약 대리인이 나왔다면 법적 효력을 가진 위임장을 정확히 확인해야 합니다. 또한, 계약 상대방(임대인)의 신분증을 요청하는 것은 당연한 권리로 여기고 검토하세요.

3) 을구

을구는 소유권 이외의 권리 관계, 즉 해당 부동산에 설정된 다양한 권리(가압류, 근저당, 전세권 등)를 명시하는 항목입니다. 여기서 계약 전 반드시 확인할 부분은 다음과 같습니다.

- ◆ 근저당권의 유무: 상가 건물이나 토지에 대출이 설정될 경우, 근저당권이 잡혀 있을 수 있습니다. 대부분의 건물은 대출을 통해 매입되므로 근저당권이 설정된 사례가 많지만, 근저당액이 상가 시세에 비해 과도하게 많을 경우 주의가 필요합니다. 이런 경우, 건물 소유자가 금융 문제로 상가를 매각할 위험이 있을 수 있습니다.

- ◆ 가압류, 가등기 등 제한사항: 을구에 가압류 등이 설정되어 있다면, 향후 법적 분쟁 위험이 있습니다. 이러한 권리는 임차인의 안정적인 영업 활동에 장애를 초래할 수 있으므로 반드시 확인하고 필요시 계약을 재고하세요.

- ◆ 우선변제권: 현 상가에서 다른 임차인들이 우선변제권을 가지고 있는지도 확인해야 합니다. 이는 이후 건물의 경매나 매각 등의 상황에서 내가 임차인으로서 배당을 받기 어려워질 수 있기 때문입니다.

【 을 구 】	(소유권 이외의 권리에 관한 사항)			
순위번호	등 기 목 적	접 수	등 기 원 인	권리자 및 기타사항
1 (전 1)	근저당권설정	1999년11월12일 제61068호	1999년11월1일 설정계약	

✂ 추가로 확인해야 할 사항

- ◆ 확정일자 부여 가능 여부: 상가임대차보호법에 따라 확정일자를 받으면 임대차 계약의 우선 변제권을 확보할 수 있습니다. 따라서, 계약 후 반드시 임대차 계약서를 해당 관청에 신고하거나 확정일자를 받아야 자신을 보호할 수 있는 권리가 생긴다는 점을 명심하세요.
- ◆ 월세 및 보증금 반환과 관련된 내용: 건물주의 재정 상태에 문제가 있다면 보증금을 돌려받기 어렵게 될 수 있습니다. 따라서 등기사항 전부 증명서에 드러나는 근저당과 소유자의 재정 상태에 대해 철저히 검토하고, 필요시 추가 담보를 요구하는 것도 좋은 방법입니다.

✂ 기타 주의점

계약 전 임대료, 관리비 등 추가 비용 관련 서면 약정을 분명히 남깁니다. 상가의 내부 설비(전기, 수도, 가스 등)에 대한 권리와 유지 책임이 누구에게 있는지 사전에 확인합니다. 임대차 계약 종료 시 원상복구 의무가 있는 항목을 구체적으로 작성해 분쟁을 줄입니다.

미용실 창업을 위한 상가 계약은 단순히 비용 문제뿐 아니라, 법적 안정성과 신뢰성을 담보하기 위해 반드시 신중해야 합니다. 특히, 등기사항 전부 증명서를 통한 확인 작업은 임대료, 권리금 등 경제적 리스크를 최소화하는 필수 과정입니다. 계약 과정에서 갑작스럽거나 부당한 조건이 제시될 경우, 즉시 전문가(법무사나 부동산 전문 변호사)에게 자문을 구하는 것도 좋은 선택입니다.

3-2. 미용실 허가는 건축물대장 확인부터

미용실 창업을 준비하는 과정에서 '건축물대장 확인'은 허가와 직결되는 매우 중요한 과정입니다. 건축물대장은 건축물의 공식적인 정보가 기록된 서류로, 해당 건축물의 기본적인 정보를 확인할 수 있는 문서입니다. 미용실은 대표적인 '허가 업종'에 해당하므로, 건축물대장의 내용을 꼼꼼히 검토하지 않으면 이후 허가 절차나 사업 운영에 큰 문제가 발생할 수 있습니다. 많은 창업자가 이 과정을 간과하거나 대충 넘어가는 경우가 있지만, 이 부분은 결코 건너뛰어서는 안 됩니다. 다음은 미용실 창업 준비 시 건축물대장에서 확인해야 할 핵심 사항들입니다.

✂ 위반 건축물 여부 확인

건축물대장에는 해당 건축물이 '위반 건축물(불법 건축물)'인지에 대한 정보가 표시됩니다. 위반 건축물로 분류된 건물은 관련 법규를 위반하거나 변경 사항을 미허가 상태로 진행한 경우에 해당됩니다. 만약 미용실을 운영하려는 건물이 위반 건축물로 등재되어 있다면, 관련 허가를 받는 데 심각한 문제가 생길 수 있습니다.

예를 들어 건축물에 추가적으로 비인가 구조물을 설치했거나, 허가받지 않은 용도로 사용하다 적발된 경우가 대표적입니다. 이 경우 미용실 허가가 나오지 않을 가능성이 높으므로 반드시 건축물대장을 열람해 위반 건축물 표시 여부를 확인하고, 필요시 건물주와 문제 해결 방안을 논의해야 합니다.

✂ 건축물 소유자 확인

건축물대장에 기재된 소유자 정보와 등기사항 전부 증명서(구, 등기부등본)에 기재된 소유자가 일치하는지 확인하는 것은 매우 중요합니다. 소유자가 일치하지 않을 경우, 계약이 취소되거나 추후 법적 분쟁으로 이어질 수 있으니 반드시 확인하세요.

✂ 건축물의 용도 확인

미용실이 영업 허가를 받기 위해서는 해당 건물이 법적으로 '미용실 업종'을 운영할 수 있는 건물인지 확인해야 합니다. 이는 건축물의 용도를 확인하면 알 수 있습니다. 미용실은 대개 1·2종 근린생활시설에 해당하는 업종으로, 건축물대장상 '근린생활시설'로 기재된 경우 문제가 없습니다. 그러나 많은 빌딩의 고층부, 상업시설이 아닌 일부 지역에서는 건축물 용도가 상이할 수 있으니 이를 반드시 체크해야 합니다.

만약 건축물대장의 용도가 '근린생활시설'이 아닌 다른 용도로 기재되어 있다면, 사업자 등록 및 영업 신고 과정에서 허가가 거부될 수 있습니다. 이 경우 건축물 용도 변경이 필요한데, 이는 해당 지역 구청건축과나 건물주를 통해 협의해야 하며 경우에 따라 시간이 많이 걸릴 수 있으니 서둘러 진행하시길 권합니다.

건물 1층은 대부분 근린생활시설로 분류되지만, 건물 상위 층으로 갈수록 용도가 달라질 가능성이 커집니다. 예를 들어 오피스텔 건물의 일부 층은 '주거용'으로 되어 있을 수 있으며 이는 미용실 영업이 불가능합니다. 따라서 상가를 계약하기 전, 반드시 건축물대장에 기록된 용도를 확인하고 충분히 검토한 후 계약을 진행해야 합니다. 건축물대장상 용도가 맞지 않다면 건축과에 문의하시기 바랍니다.

용도 변경이 필요할 경우 신청서 작성 후 해당 지역을 관할하는 시·군·구청 건축과에 제출합니다.

1) 필요한 서류 준비

- ◆ 건물의 건축도면
- ◆ 현재 건물의 상태를 보여 주는 현황 자료
- ◆ 건물이 위치한 구역을 나타내는 대지 위치도
- ◆ 관청에 따라 추가적인 서류 요구가 있을 수 있으니 사전에 확인
- ◆ 감리자 필요, 추가 공사 여부 확인

경우에 따라 공사의 규모와 성격에 따라 감리자가 필요할 수 있습니다. 또한, 용도 변경에 따른 추가 공사(간판 설치, 내부 리모델링 등)가 요구될 가능성이 있으므로 전문가와 상의하여 준비해야 합니다.

2) 관할 관청의 승인

제출된 자료와 상황을 검토한 뒤, 관할 관청에서 용도 변경 승인을 결정합니다. 승인 절차는 처리 기간이 소요될 수 있으므로 일정에 여유를 두고 준비하는 것이 중요합니다.

3) 용도 변경 완료

관할 관청으로부터 승인을 받은 이후, 해당 건물을 미용실 등으로 사용할 수 있습니다.

용도 변경이 완료된 후에는 추가로 필요한 운영 관련 인허가를 진행합니다. 이 모든 과정은 시간이 걸릴 수 있으므로 계획을 세우고 관할 관청과 적극적으로 소통하는 것이 중요합니다.

✂ 건축물대장 열람 방법

건축물대장은 무료로 정부24 홈페이지 또는 가까운 행정복지센터에서 열람하거나 발급받을 수 있습니다. 방법은 간단합니다.

정부24(www.gov.kr)에 접속 후, '건축물대장 발급' 서비스 검색 → 건물 정보 입력 운영하려는 상가의 주소를 입력 → 해당 건물의 건축물대장 확인

* 열람·발급 열람은 무료이며, 발급을 원할 경우 소정의 발급 수수료가 발생할 수 있습니다.
* 모바일에서도 정부24 앱을 통해 열람 및 발급이 가능합니다. 시간과 장소에 구애받지 않고 확인할 수 있으니 적극 활용하세요.

✂ 추가로 확인해야 할 사항

◆ 채광 및 환기 기준 확인(자연 채광 및 환기 시설 확보, 추가 공사 필요성 검토): 미용실은 염색제, 펌제 등 화학약품을 사용하기 때문에 충분한 채광과 환기가 필수적입니다. 자연 채광과 환기를 위한 창문의 크기와 위치, 환기 시설의 용량 등을 확인하고, 필요시 추가적인 공사를 계획해야 합니다. 시·군·구 건축 조례에 따라 채광 및 환기 기준이 다를 수 있으니, 관할 지자체에 문의하여 정확한 기준을 확인하는 것이 중요합니다.

◆ 전기 설비 용량 확인(미용 기기 사용에 필요한 전력량 확보, 증설 가능성 검토): 미용 기기(드라이어, 고데기, 클리닉 기기 등)는 상당한 전력을 소모합니다. 따라서 기존 전기 설비 용량이 미용실 운영에 충분한지 확인해야 하며, 부족할 경우 증설 가능성을 건물주와 협의해야 합니다.

업소용 평균 5kW로 설정되어 있다면 최소 미용실 규모에 맞춰 7~10kW로 증설도 고려해 보세요.

◆ 수도 설비 확인(샴푸 시설, 탕비실 등 용수 공급): 샴푸 시설 및 탕비실 등에 필요한 용수 공급이 원활한지 확인해야 합니다. 수압이 약하거나 배수 시설에 문제가 있는 경우, 미용 서비스 제공에 차질이 생길 수 있습니다. 필요시 배관 공사 등을 고려해야 합니다.

◆ 소방 설비 확인(소화기 비치, 화재 감지기 설치, 비상구 확보): 화재 예방 및 안전을 위해 소화기 비치, 화재 감지기 설치, 비상구 확보 등 소방 설비를 꼼꼼하게 확인해야 합니다. 관련 법규를 준수하고 있는지 확인하고, 필요한 조치를 취해야 합니다. (2023년 11월 기준 정보입니다. 관련 법규는 변경될 수 있으므로 최신 정보를 확인하시기 바랍니다.)

체크리스트

- 건축물대장에 위반 건축물이 있는지 확인했는가?
- 건축물대장과 등기사항 전부 증명서의 소유자가 일치하는가?
- 건축물 용도가 1·2종 근린생활시설인지 확인했는가?
- 환기, 채광 등 추가 기준을 확인했는가?
- 계약 전 건축물대장을 정부24에서 열람했는가?

위 항목을 모두 확인했다면 이제 미용실 창업을 위한 첫 관문을 통과한 것입니다. 꼼꼼하고 신중한 준비로 성공적인 창업을 이루시길 바랍니다!

3-3. 상가임대차 계약 시 확인 사항

　미용실 창업 시 상가 임대차 계약서에 명확히 기재하지 않거나 확인하지 않은 내용들은 추후 커다란 문제로 번질 수 있으므로, 각 항목에서 꼼꼼한 검토가 필수입니다. 다음은 상가 임대차 계약 시 반드시 확인해야 할 기타 중요한 항목들입니다.

1) 기타 확인 사항
▶ 철거

　기존 임차인의 인테리어가 그대로 남아 있는 경우 철거에 대해 명확히 협의하고 이를 계약서에 명시해야 합니다. 일반적으로 원상복구의 의무는 기존 임차인에게 있으나, 건물주와 임차인이 협의하는 과정에서 책임이 달라질 수 있습니다.

　철거의 범위를 구체적으로 설정해야 합니다. 예를 들어, 바닥 타일 제거, 천장 마감재 철거, 전기·배선 철거 등 철거의 구체적인 의무를 명시하세요. 최선의 방법은 건물주나 기존 임차인이 철거를 완료한 상태에서 계약을 체결하는 것입니다. 철거 과정은 위험과 비용이 많이 드는 작업입니다. 철거 진행 중 사고가 발생하면 책임 문제가 얽힐 수 있으므로, 철거 작업은 직접 하지 않는 것이 가장 안전합니다. 주인이 철거를 완료해 주는 조건으로 계약하는 경우, 철거의 완성도를 확인한 후 계약서를 작성하세요. 철거 여부와 상관없이 계약 전 상가를 철저히 점검하세요. 숨겨진 하자나 추가 공사가 필요한 부분은 없는지 확인하고, 이를 계약 전에 협의합니다.

▶ 원상복구

임대차 계약 종료 시 원상복구는 가장 빈번히 분쟁이 발생하는 요소 중 하나입니다. 원상복구 범위에 대해 건물주와 임차인의 생각이 다를 가능성이 높으므로, 이 부분을 명확히 협의하고 작성해야 합니다. 필요하다면 계약서에 구체적인 원상복구 항목을 적시하거나, 계약 체결 전에 건물주와 사진 촬영 및 서면 기록을 남기는 것도 방법입니다.

- ◆ 바닥: 기존의 마감재(타일, 장판 등)는 제거해야 하는가, 아니면 그대로 둬도 되는가?
- ◆ 천장: 천장 석고판 혹은 조명 시설은 철거해야 하는가?
- ◆ 기타 설비: 에어컨, 보일러, 미용실 전용급수 시설 등은 원상복구 대상인가?

▶ 차임 및 부가세 확인

차임은 미용실 운영에 있어서 가장 큰 고정비용으로, 차임 구조와 납부 방식을 명확히 이해하고 계약서를 작성합니다. 임대료에 부가세가 포함되어 있는지, 별도인지 확인합니다. 만약 부가세가 별도라면, 부가세 관련 세금계산서를 발행 요청할 수 있습니다. 월세 납부가 선불인지 후불인지 명확히 확인하되, 선불 방식이라면 그 규정을 이해하고 부담 가능한지 확인하십시오. 보증금과 월세 비율이 합리적인지 검토하세요. 특히, 높은 보증금 대비 낮은 월세를 선택하면 초기 자금 부담이 늘어날 수 있으니 신중히 계약하십시오.

▶ 관리비

관리비는 월세 외에 사업에 장기적인 영향을 미치는 추가 비용입니다. 이 부분도 꼼꼼히 확인하고, 예상치 못한 관리비 항목이 발생하지 않도록 대비해야 합니다. 관리비 청구 항목(전기, 수도, 청소비 등)과 각 항목별 비율을 확인하세요. 관리비도 월 임대료처럼 부가세가 별도로 청구될 수 있으므로 반드시 확인하고, 관련 명세를 요구하세요. 기타 부대비용으로 승강기 유지비, 정문 보안비용 등 기타 항목의 추가 비용 발생 여부를 확인합니다.

▶ 소방법 준수

미용실 창업 시 스프링클러와 자동화재탐지설비 설치 기준은 건축물의 용도, 면적, 층수 등에 따라 다르게 적용됩니다. 모든 미용실에 무조건 설치해야 하는 것은 아니며, 소방시설법 시행령 [별표 5] '특정소방대상물의 스프링클러설비 및 간이스프링클러설비의 설치기준' 및 '자동화재탐지설비 및 비상경보설비의 설치기준'에 따라 설치 의무 여부가 결정됩니다. 일반적으로 미용실은 '근린생활시설'로 분류되며, 해당 시설의 스프링클러 설치 기준은 바닥면적과 층수에 따라 달라집니다.

예를 들어, 지하층이나 무창층의 경우 일정 면적 이상이면 스프링클러 설치가 의무화될 수 있습니다. 지상층의 경우에도 면적이 매우 넓거나 고층 건물에 위치한 경우 스프링클러 설치가 필요할 수 있습니다.

자동화재탐지설비 역시 미용실의 면적 및 층수 등을 고려하여 설치 의무 여부가 결정됩니다. 스프링클러 설치 의무가 없는 소규모 미용실이라도 일정 면적 이상이거나 지하층 또는 무창층에 위치하는 경우 자동화재탐지설비 설치가 의무화될 수 있습니다. 따라서 미용실 창업 시 정확한 설치 기준 및 의무 여부를 확인하려면 관할 소방서에 문의하거나 소방시설 전문업체에 상담하는 것이 좋습니다.

소방 관련 법규는 수시로 개정될 수 있으므로, 최신 정보를 확인하여 불이익을 받지 않도록 주의해야 합니다. 전문가와의 상담을 통해 미용실의 특성과 규모에 맞는 최적의 소방시설을 설치하고 안전한 영업 환경을 조성하는 것이 중요합니다.

▶ 상하수도 및 정화조 용량 확인

미용실은 업종 특성상 물을 많이 사용하는 사업으로, 상하수도 시설과 정화조 용량이 중요합니다. 특히 구도심이나 오래된 건물에서는 문제가 될 가능성이 높습니다. 정화조가 법적 허용 용량을 초과한 상태로 사용되고 있다면, 반드시 허가 조건 및 청소 주기를 확인해야 합니다.

초과 사용으로 인해 관리비나 별도 비용 발생 여부를 조사합니다. 문제가 있는 경우, 관할 구청 상하수도과에서 확인 및 문의가 가능합니다.

▶ 배수 상태 점검

머리카락, 헤어컬러, 염색제 잔여물 등으로 인해 배수구가 자주 막힐 가능성이 있습니다. 배관 크기를 확인하고, 필요시 인테리어 공사

전 중간 검사관을 설치하는 것도 좋은 방법입니다. 배수 상태와 관련하여 "배수구 막힘 방지를 위한 시설 보강은 임대인의 책임"과 같이 조항을 추가할 수도 있습니다.

▶ 누수 및 수압 확인

미용실은 물 사용과 밀접한 업종으로, 누수 문제가 발생하면 심각한 피해를 끼칠 수 있습니다. 계약 전 반드시 건물 전체와 점포 내 누수 여부를 확인해야 합니다. 점포 바닥, 천장, 벽면 등에 물 얼룩이나 곰팡이 흔적이 있는지 직접 눈으로 확인하세요. 건물주에게 과거 누수 사고 이력 및 보수 공사를 요구한 사례가 있었는지 물어보세요. 벽틈, 창틈, 바닥 등에서 누수가 발견될 경우, 이는 인테리어 공사를 시작하기도 전에 큰 문제가 될 수 있습니다. 누수 여부를 확인하고, 발견 시 "누수와 방수 공사는 임대인의 책임"이라고 확인서를 받아야 합니다.

미용실에서의 기본 작업은 샴푸와 린스를 반복하는 것이며 이 과정에 지속적인 물 사용이 필수입니다. 수압이 약하면 샴푸대 사용이 어려워 고객 서비스에 지장이 생길 수 있습니다. 계약 전 반드시 수압 테스트를 실시하고, 약하다면 계약서에 "수압 문제에 대한 개선 의무는 임대인에게 있다."라고 명문화하십시오.

▶ 전기 용량 확인

미용실은 드라이기, 고데기, 스파 기계 등 전기를 많이 사용하는 장비가 필수적입니다. 최소 5㎾, 직원이 많거나 장비를 많이 사용하는 대형 매장일 경우 10~15㎾ 이상의 전력 용량이 필요합니다. 이를 위해 전기 승압 작업이 필요한 경우, 반드시 건물주의 동의를 받아야 합니다. 계약 전 "전기 승압 작업은 임대인의 동의를 얻어 진행하며 비용 부담은 협의 후 결정한다."라고 명확히 고지하는 것이 중요합니다.

▶ 화장실 청결 상태 점검

여성 고객이 다수를 차지하는 미용실에서는 화장실의 청결도가 서비스의 질과 직결됩니다. 계약 전 화장실(특히 여성화장실)의 상태를 꼼꼼히 점검하고, 필요할 경우 "화장실 보수·개선은 임대인의 의무"를 문서로 명시하도록 하세요.

상가임대차 계약은 단순히 '공간을 빌리는 것'을 넘어 오랜 기간 동안 사업의 기반을 결정짓는 중요한 결정입니다. 철거, 원상복구, 소방법, 상하수도, 누수 문제 등 하나라도 놓친다면 후폭풍이 클 수 있습니다. 철저한 확인과 건물주와의 협의를 통해 안전하고 안정적인 창업 기반을 마련하세요. 철저하게 준비한 계약이 성공적인 미용실 창업으로 이어지는 첫걸음이 될 것입니다.

2) 특약 사항

미용실 창업은 준비 과정에서부터 세심한 검토가 필요합니다. 특히 상가 임대차 계약에서 특약 사항을 잘 설정해야 예상치 못한 문제를 방지할 수 있습니다. 다음은 미용실 창업 시 꼭 포함해야 할 특약 사항과 추가 고려해야 할 요소들을 정리한 내용입니다. 임대차 계약 체결 전, 이 특약 사항들을 꼼꼼히 검토하고 임대인과 협의해 명시적인 동의를 받아 두는 것이 중요합니다.

▶ 임대인의 하자 책임과 보수 의무 명시

계약 시 임대인이 고지하지 않은 시설 하자(누수, 배수, 누전, 전기 설비 등)에 대해 임대인이 책임지고 보수할 의무가 있음을 계약서에 명시합니다. 미용실은 물과 전기를 자주 사용하는 업종이므로, 수압이나 배관, 전기 설비 등 주요 시설의 상태를 미리 점검하고 관련 내용을 구체적으로 설정해야 합니다.

▶ 인테리어 기간 렌트 프리 설정

미용실은 인테리어에 많은 시간과 비용이 소요되는 업종입니다. 이를 고려하여 인테리어 공사 기간 동안 임대료를 면제(렌트 프리 제공) 받는 내용을 계약서 특약에 포함시킵니다. "인테리어 공사로 인해 임대료는 공사 시작일로부터 ○개월 동안 면제되며, 임대료는 ○월 ○일부터 발생한다."와 같이 구체적으로 명시하면 추후 분쟁을 방지할 수 있습니다.

▶ 허가 미취득 시 계약금 및 보증금 반환 명시

미용실은 영업 허가와 관련한 인허가 과정이 필요합니다. 만약 지정된 업종의 영업 허가를 취득하지 못할 경우 계약금을 포함한 모든 지급금을 조건 없이 반환받을 수 있음을 명시해야 합니다.

▶ 권리금 및 영업권에 대한 임대인 비개입 명시

미용실 창업 시 권리금이나 영업권 문제에 대해 임대인이 관여하거나 간섭하지 않는다는 내용을 명시합니다. "임대인은 시설비, 권리금, 또는 영업 활동으로 발생하는 이익에 대해 어떠한 권리도 주장하지 않으며, 이에 관여하지 않는다."라는 문구를 삽입하여 상호 명확한 책임 범위를 설정합니다.

▶ 필요시 복수 사업자 등록 및 전대차 계약 동의 명시

미용실은 네일아트, 피부관리 등 다양한 부가 서비스와 함께 운영되기도 하며, 이 경우 복수 사업자 등록이 필요한 경우가 많습니다. 또한, 미용실 업종 특성상 추가 지점 개설 시 면허상 제한이 있는 경우를 대비하여 전대차 계약에 대한 동의를 명시해야 합니다.

임대차 계약서에 "사업자 등록을 복수 명의로 발급할 수 있으며 이에 따른 모든 법적 책임은 임차인에게 있다." "다점포 운영 또는 전대차 계약에 대한 임대인의 동의를 명확히 표시하여 동의서에 사인한다." 등의 내용을 포함해야 합니다.

▶ 임차인의 허가 및 운영 비용 부담 명시

인허가와 관련된 비용(사업자 등록, 영업 허가 신고 등)은 임차인이 전적으로 책임지며, 임대인에게 이를 청구할 수 없다는 내용을 명시

합니다. 이 같은 조항은 임대인과의 불필요한 갈등을 미연에 방지하고 책임 소재를 명확히 합니다.

▶ 계약금 및 보증금 관련 사항 명시

계약금 및 보증금은 임대인의 명의로 된 은행 계좌 이체 증서를 통해 지급하며, 별도의 영수증이 발급되지 않음에 동의한다는 내용을 명시합니다. 예를 들어, "계약금 및 보증금 지급은 임대인의 한국은행 계좌(123-4567-890, 예금주: 한국인)를 통해 이루어지며, 계좌이체 증서로 영수증을 갈음한다."와 같이 구체적으로 표기하세요.

특약 (예시)

1. 임차목적은 미용실이며 월 임대료에서 부가가치세와 관리비는 별도이다.
2. 시설비 및 권리금은 임대인과 무관하며 임대인에게 요구할 수 없다.
3. 미용실, 네일, 화장품 소매, 피부 등 미용과 관련한 사업의 경우 복수의 제3자 명의 사업자 등록에 동의하며, 이에 관한 민형사적 문제는 임차인이 책임진다.
4. 영업과 관련한 인허가 비용은 임차인이 부담한다.
5. 기타 사항은 민법 임대차 보호법 및 부동산 임대차 계약 일반 관례에 따르기로 한다.
6. 인테리어 공사 기간으로 월차임은 ○월 ○일부터 발생한다.
7. 계약금 및 보증금 영수증은 소유자 명의의 은행 계좌이체 증서로 갈음한다.

임대인 계좌번호: 한국은행 123-4567-890
예금주: 한국인

3-4. 건물주 성향 파악

미용실 창업은 상가를 임대하는 과정에서 '건물주'라는 예기치 못한 변수는 창업 성공 여부에 큰 영향을 미칠 수 있습니다. 특히, 진상 건물주를 만나게 된다면 시설 운영은 물론이고 스트레스와 함께 불필요한 재정적 손실까지 감수해야 할 가능성이 큽니다.

다음 내용은 지극히 개인적인 실제 사례로 진상 건물주를 파악하고 피하는 방법을 제안합니다.

✂ 진상 건물주를 만난 실제 사례

10년 전, 부동산 중개업소에서 적당한 상가를 찾던 필자는 한 번의 시행착오를 겪습니다. 자리가 좋아 보이는 상가를 발견했고, 소위 "좋은 자리에는 기회가 빨리 떠나니 서두르라."라는 주변의 조언을 따라 계약금까지 넣으며 빠르게 계약을 진행하게 되었습니다. 그 과정에서 필자는 상가 바로 옆 편의점 점주로부터 해당 건물주의 평판을 듣게 되었는데, 건물주가 "진상 중에도 상진상"이라는 평을 받고 있었습니다. 그러나 자리가 탐난 나머지 결국 계약서 작성까지 이어졌고, 이때 문제의 징후들이 드러나기 시작했습니다. 건물주는 자신만의 특이한 임대차 계약서와 여러 불합리한 특약들을 내밀며 이를 강행하려 했습니다. 결국 이 계약은 사업 운영에 다양한 제약과 갈등을 불러왔고, 이는 이후 큰 스트레스와 경제적 부담으로 이어졌습니다.

✂ 진상 건물주 파악 체크리스트

이제 여기서는 여러분이 창업의 초기 단계에서 진상 건물주를 미리 선별할 수 있도록 몇 가지 기준을 제시합니다. 해당 건물주가 다음과 같은 특징을 보인다면, 계약 전에 신중히 재검토하거나 대체 상가를 찾는 것이 좋습니다.

1) 평판 조사

해당 건물의 주변 상가 점주들에게 건물주의 평판을 반드시 물어보세요.

"건물주는 계약에 대해 합리적인 사람인가?"
"관리비나 공용 이용 개념에서 잡음이 있지는 않은가?"

특히, 오랫동안 장사해 온 점포가 있다면 그곳 점주의 의견은 신뢰도가 높습니다.

2) 특이한 계약서 확인

진상 건물주들은 대개 표준 계약서가 아닌 자기만의 계약서를 준비하는 경향이 있습니다. 이는 임차인에게 불리한 조건을 은연중 포함하거나 추가적인 이행 의무를 부과하려는 의도일 가능성이 높기 때문입니다.

다음은 진상 건물주가 계약 시 내미는 특약 중 상가 운영에 심각한 악영향을 줄 수 있는 주요 조건들입니다.

▶ 화해조서 작성 강요

일부 건물주는 분쟁 발생 시 재판 없이 즉시 임차인을 쫓아낼 수 있는 '화해조서' 작성에 서명을 요구합니다. 이는 임차인의 권리를 심각하게 제한하는 내용입니다. 화해조서란 법적 분쟁을 미리 예방하거나 분쟁이 발생했을 때 이를 간단히 해결하기 위해 법원에서 작성 및 승인받은 문서를 말합니다. 화해조서는 주로 민사소송 중에 당사자 간 합의 내용을 법원이 문서화하여 강제집행력을 가지도록 하는 절차입니다.

건물주가 임대차 계약서의 특약에 화해조서 내용을 넣으려는 경우, 이를 통해 임대차 계약과 관련된 문제(예: 계약 해지, 보증금 반환, 명도 등)를 사전에 합의하고, 향후 분쟁 시 별도의 소송 없이도 바로 집행할 수 있는 법적 힘을 가지도록 하려는 의도일 가능성이 높습니다.

이 경우, 임대인과 임차인이 작성된 합의사항에 대해 동의하며 법원의 확인을 받는 과정이 필요합니다. 따라서 화해조서를 특약에 포함하는 것은 임대인을 보호하면서도 임차인에게도 중요한 법적 의미를 가지므로, 서명 전에 반드시 상세한 내용을 변호사 등 전문가와 상담하여 신중히 검토하는 것이 좋습니다.

▶ 인테리어 및 간판 규제

운영상 필요한 인테리어에 지나치게 개입하거나, 특정 간판 양식, 위치, 글씨체 등을 강요하여 추가 비용이 발생할 수 있습니다. 인테리어와 간판 설치에 건물주의 사전 허락을 요구하는 조항이 포함된 경우인지 확인이 필요합니다.

▶ 전대차 절대 불허

향후 미용실 다점포 창업을 고려한다면 면허 한 개당 한 점포만 오픈이 가능한 미용업의 현실상 절대적으로 전대차 계약이 필요합니다. 이는 장기적으로 다점포 운영 계획에 치명적인 영향을 미칠 수 있으니 꼭 협의가 필요합니다.

▶ 과도한 관리비

계약 후 기존 관리비 기준과는 크게 벗어난 고액의 관리비를 부과하는 경우가 종종 발생합니다. 인근 평균 관리비보다 과하게 받고 있는지 확인이 필요합니다. 계약서에 관리비, 공용 전기 및 수도 요금의 산정 기준을 명확히 하고 영수증 확인 권한을 요구하세요.

3) 진상 건물주를 피하기 위한 구체적 전략: 계약 전 서류 및 조건 철저 검토

표준 상가 임대차 계약서를 사용하도록 요청하세요. 공인중개사에게 계약서를 미리 검토받고, 필요하다면 법률 전문가의 조언을 구하는 것도 현명한 방법입니다. 진행 과정에서 공인된 중개인을 개입시키세요. 되도록 직거래를 피하세요. 진상건물주는 중개수수료 지불에 지불하길 꺼리고 1:1 계약을 원하는 경우가 많습니다.

미용실 창업은 초기 창업 비용뿐만 아니라 장기적인 운영 효율성에 막대한 영향을 미칩니다. 진상 건물주는 창업자의 열정을 위축시키고, 심지어 자금 손실로 이어질 수 있는 만큼, 첫 단계부터 꼼꼼히 대비하는 것이 무엇보다 중요합니다.

04
미용실 신규 오픈, 허가사항

미용실을 새로 오픈하려 할 때 미용실은 법적으로 '허가업종'에 해당하기 때문에, 영업 신고와 면허 취득 등 여러 행정적·법적 요건을 반드시 충족해야만 정상적인 영업이 가능합니다. 아래 내용은 미용실 창업 시 놓치기 쉬운 허가·면허 관련 사항과, 그 외 챙겨야 할 핵심 포인트들을 정리한 가이드입니다.

✂ 미용실 오픈 방식 : 신규 vs 인수

1) 신규 오픈
신규 사업자로 영업 신고를 하고, 미용사 국가자격증(이·미용사 자격증)을 보유한 상태에서 법이 정한 시설 요건을 충족해야 합니다. 미용실 허가와 관련된 건축물대장 확인, 소방·위생교육 이수 등 사전에 점검해야 할 행정 절차가 많으므로, 시간과 비용이 상대적으로 더 소요될 수 있습니다.

2) 기존 미용실 인수(지위승계)

이미 '영업 신고'가 이뤄진 상태의 미용실을 인수하는 방식입니다. 기존 점주의 영업 신고증 및 허가사항을 지위승계로 넘겨받아 운영을 시작합니다. 따라서 별도의 허가를 받을 필요는 없습니다. 시설이나 건축물 용도가 미용업에 적합하게 이미 허가를 받은 경우로, 신규 창업 대비 절차가 간단할 수 있습니다.

✂ 미용실이 허가업종인 이유와 중요성

미용실은 공중위생법 등 관련 법령에 의해 관할 지자체의 '영업 신고(허가)'를 선행해야만 영업을 개시할 수 있는 업종입니다. 또한, 운영자는 국가에서 인정하는 미용사 면허(자격증)를 취득해야 합니다. 이 과정을 소홀히 할 경우 무허가(무신고) 영업으로 간주되어 행정처분, 과태료, 심지어 영업정지에 이를 수 있습니다. 이를 방지하려면 아래 사항들을 꼭 숙지하세요.

1) 시설 요건

　미용실 내부는 청결 유지가 가능하도록 별도의 세면대(샴푸대), 환기 설비, 대기 공간 등을 갖춰야 합니다. 사업장이 50㎡ 이상인 경우라면, 장애인·노인·임산부 등의 편의증진 보장에 관한 법률 시행령에 따른 편의시설 설치에 따라 장애인·노인·임산부 등을 위한 편의시설(출입구 경사로 설치 등)을 설치해야 합니다. 이·미용업주는 정기적으로 진행하는 공중위생교육을 수료해야만 최종 허가가 완료됩니다.

2) 자격 요건

　이·미용사 국가자격증을 취득하고 면허증을 발급받아야 하며, 이를 갖추지 않고는 영업 신고 자체가 진행되지 않습니다. 면허증 명의자와 실제 영업자가 일치해야 하므로, 명의를 빌리는 등의 편법은 허용되지 않습니다.

3) 영업 신고 이후에야 가능한 사업자 등록

　흔히 놓치는 부분 중 하나는 '영업 신고(허가) → 사업자 등록 → 영업 개시'의 순서를 지켜야 한다는 점입니다. 영업 신고(허가)를 받지 않았다면 세무서에서 사업자 등록증을 발급받기 어렵습니다. 무허가 상태에서 영업을 강행할 경우, 이후에 영업 신고증을 받는다 하더라도 과거 영업 기록이 문제가 되어 과태료가 부과되거나 영업정지를 당할 위험이 있습니다. 허가와 사업자 등록을 모두 마친 후에야 부가세 신고나 세금 공제 등의 법적 보호를 받을 수 있습니다.

✂ 자리 선정 시 필수 확인 사항

미용실 창업 준비에서 흔히 간과하기 쉬운 부분이 바로 부동산 관련 사항입니다. 아무리 훌륭한 인테리어와 시설을 갖춘 공간이라도, 건물이 법적으로 해당 업종(이·미용업)을 운영할 수 없는 경우라면 허가를 받을 수 없습니다.

1) 건축물대장 확인
건축물대장에서 해당 건물의 용도가 '제2종 근린생활시설' 또는 '상업시설'로 분류되어 있는지 확인하세요. 그 밖에 '허가사항'으로는 위반 건축물 등재 여부, 정화조 용량 부족 여부 확인이 건축물대장에서 가능합니다.

2) 부동산 계약 시 주의점
임대차 계약서 작성 전, 미용업 허가가 가능한지 건물주·관리사무소·구청 위생과 등에 미리 문의하세요. 계약서에 "미용업 허가 불가 시 계약 해지 조건" 등을 명시하여, 추후 허가를 받지 못했을 때 손실을 최소화할 수 있도록 준비합니다. 자세한 내용은 뒤에서 자세히 다루겠습니다.

✂ 무허가 영업 시 생길 수 있는 문제점

실제 처분 및 과태료 액수는 시·군·구별 조례나 상황에 따라 달라질 수 있으므로 참고용으로 활용하시기 바랍니다.

1) 행정처분
▶ 영업정지 또는 영업소 폐쇄 명령

관할 관청(보통 시·군·구청)은 무허가 영업 사실이 확인되면 즉시 영업정지 또는 폐쇄 명령을 내릴 수 있습니다. 영업주가 시정 명령을 이행하지 않거나 재차 위법행위를 저지를 경우, 가중 처분(장기 영업정지, 폐쇄)이 내려질 가능성이 큽니다.

▶ 시정 명령

무허가 영업으로 적발되어도, 관할 관청에서 기한을 정해 영업 신고 절차를 밟도록 시정 명령을 내리기도 합니다. 다만, 시정 명령을 받아 허가 절차를 진행하는 동안에는 사실상 영업을 하지 못하거나 제한적으로만 운영해야 하는 경우가 많습니다.

2) 과태료 및 벌칙
▶ 과태료 부과

공중위생관리법 등에 따르면 무신고(무허가) 영업은 1차 적발 시 수십만 원에서 100만 원 이상의 과태료가 부과될 수 있으며, 위반 횟수나 중대성에 따라 2차·3차 적발 시 과태료 금액이 가중됩니다. 지자체 조례나 위반 내용(위생 상태 불량, 시설 기준 미달 등)에 따라 구체적인 금액이 달라질 수 있으므로 관할 지자체의 기준표를 확인해야 합니다.

▶ 형사 처벌 가능성

무허가 영업이 중대하다고 판단되거나, 행정처분 이후에도 이를 반복할 경우 형사 고발로 이어질 수 있습니다. 이 경우 벌금(예: 최대 수백만 원~수천만 원) 또는 일정 기간 이하의 징역형이 선고될 가능성도 존재합니다.

✂ 기타 절차와 팁

미용실 운영은 단순히 공간을 마련하고 고객을 받는 것이 아니라 여러 절차를 병행해야 하는 복합적인 과정이다 보니, 다음과 같은 사항들도 필수적으로 체크해야 합니다.

1) 위생교육 수료

영업 허가를 받기 전에 공중위생교육을 수료해야 합니다. 자세한 문의는 관할 위생과에 문의하여 자세히 안내받아 보세요.

2) 소방 점검 및 안전관리

고객이 많은 업종 특성상 소방시설 점검 및 안전관리 기준 충족 여부를 반드시 확인하세요.

　미용실 창업은 기술력과 영업력 외에도 여러 행정·법적 요건을 충족해야만 가능하다는 점이 가장 큰 특징입니다. 특히 허가와 관련된 각종 절차를 빠뜨리면, 사업 초창기부터 막대한 금전·시간적 손실을 입을 수 있습니다. 미용실은 허가업종이므로, 영업 신고와 미용사 자격증 준비를 철저히 해야 합니다. 건물의 용도와 위생·안전 기준 충족 여부 등을 꼼꼼히 살펴, 허가를 받을 수 있는 자리인지 먼저 확인하세요. 무허가 영업 시 영업정지, 과태료, 이미지 실추 등 치명적인 위험이 따르므로, '영업 허가 → 사업자 등록 → 영업 개시' 순서를 반드시 준수하시기 바랍니다.

　다음 장에서는 구체적으로 어떤 허가를 받아야 '영업 허가증'이 발급될 수 있는지 구체적으로 알아보겠습니다.

4-1. 위반 건축물 확인

미용실을 열기 전, 사업 장소로 사용할 건물의 상태를 철저히 확인하는 것은 필수입니다. 특히, 위반 건축물 문제는 자칫 영업 허가가 나오지 않아서 계약이 파기될 수 있습니다. 위반 건축물은 주로 집합 상가 건물에서 다른 업종에서도 종종 발견되며, 새로운 창업자들이 자칫 놓치기 쉬운 부분이기도 합니다. 이제 위반 건축물을 확인하고 이에 대응하는 방법을 단계적으로 알아보겠습니다.

✂ 위반 건축물이란?

위반 건축물이란 법에서 정한 건축 규정을 위반하여 지어진 구조물이나, 원래 허가를 받은 용도와 다른 용도로 사용되고 있는 구조물을 말합니다. 예를 들어, 공용 공간에 무단으로 지어진 창고, 건물의 외벽을 임의로 확장한 구조물, 또는 허가되지 않은 용도로 전환된 공간들이 이에 해당합니다. 이런 건축물은 추후에 철거 명령이나 과태료 부과 등의 제재 대상이 될 수 있으므로, 창업 전 반드시 확인해야 합니다.

✂ 위반 건축물 확인 방법

1) 건축물대장을 통해 확인하기

건물의 상태를 확인할 때는 가장 먼저 건축물대장을 떼어 보는 것이 기본입니다. 건축물대장은 건축물의 공식적인 기록으로, 건물의 구조, 용도, 건축 연도 등 기본적인 정보를 포함하고 있습니다. 만약 건축물대장에 위반 건축물로 등재된 내역이 있다면, 이는 해당 건축물이 현재 법적인 문제가 있음을 뜻합니다. 본인이 직접 구청이나 주민센터를 방문해서도 확인할 수 있습니다. 건축물대장은 정부24(www.gov.kr) 열람 및 발급이 가능합니다.

2) 건물주의 확인

건축물대장에 위반 건축물이 등재되어 있지 않은 경우에도 눈에 띄는 구조물이나 이상한 개조 흔적이 있다면 경계를 늦추지 말아야 합니다. 이런 경우, 건물주 또는 관리인에게 상황을 명확히 물어보는 것이 중요합니다. 예를 들어, 벽이 갑작스럽게 좁아진 공간, 창문이 불규칙하게 막혀 있는 경우, 또는 공용 공간에 임시로 설치된 격벽 등은 모두 의심의 대상이 될 수 있습니다.

3) 구청 건축과에 최종 확인

건물주의 답변이 명확하지 않거나, 여전히 의심되는 부분이 있다면 구청 건축과에 문의하는 것이 가장 확실한 방법입니다. 구청 건축과는 해당 건물의 승인 현황 및 위반 여부를 자세히 확인해 줄 수 있는 공적 기관입니다. 문의 시 건축물대장과 함께 건물의 주소를 정확히 제공해야 신속한 확인이 가능합니다. 구청 측에서 해당 건물이 내부적으로 적발 대상에 올라 있을 가능성도 있으므로 이 과정은 빼놓을 수 없습니다.

✂️ 위반 건축물 관련 문제의 특징과 주의사항

위반 건축물과 관련된 문제는 대부분 해결이 어려운 경우가 많습니다. 이유는 간단합니다. 위반 건축물은 이해 당사자의 이익을 위해 만들어진 것이기 때문입니다. 이러한 구조물은 건물주 또는 건물 내 다른 임차인이 필요에 의해 고의적으로 만든 경우가 많아, 법적 문제가 밝혀지더라도 쉽게 철거에 응하지 않기도 합니다.

위반 건축물로 인해 발생하는 철거 명령은 건물주가 아닌 임차인(즉, 사업주)에게도 영향을 미칠 수 있습니다. 사용 중이던 공간이 철거되거나, 새로 공사를 진행해야 하면 추가적인 시간이 들고 누가 얼마나 비용 부담을 하는가 하는 문제가 발생합니다.

위반 건축물이 확인될 경우, 해당 공간은 영업 허가증 발급에서도 문제가 될 가능성이 높습니다. 위생 허가나 소방 허가를 신청할 때에도 관련 불법 구조물 문제가 발목을 잡을 수 있으니 유의하세요.

위반 건축물은 관할 기관(구청 등)의 정기 점검 또는 신고로 인해 갑작스럽게 철거 명령이 내려질 수 있습니다. 이러한 상황은 오픈 후 영업을 시작한 상태에서 발생하면 심각한 사업 차질로 이어질 수 있습니다.

✂ 위반 건축물이 없는 안전한 장소 선택

건축물대장에 위반 내역이 없다고 관할 기관(구청 등) 최종적으로 판단되기 전까지는 계약을 성급히 진행하지 마세요. 부동산 계약서에 불법 구조물 관련 책임 범위를 명시하여, 향후 문제가 발생했을 때 법적으로 대응할 수 있는 근거를 마련해 두세요.

비교적 최근에 지어진 건물일수록 위반 사항이 적거나 없을 가능성이 큽니다. 미용실 외 다른 업종이 이미 입점해 있는 건물이라면, 기존 사업자들의 경험을 통해 불법 구조물 문제를 알아낼 수도 있습니다.

미용실 창업을 준비하며 건물 상태를 꼼꼼히 확인한다면, 이후 발생할 문제를 사전에 충분히 줄일 수 있습니다. 작은 확인 과정을 생략하는 것이 큰 문제를 만들 수 있다는 점을 꼭 기억하세요!

✂ 위반 건축물 사례

한 브랜드 미용실의 인테리어 공사가 한창 진행되던 중, 구청으로부터 '공사 중지' 조치가 내려졌습니다. 확인 결과, 해당 건물에 위반 건축물이 존재했기 때문입니다.

구체적인 문제는 다음과 같았습니다. 건물 1층에 위치한 식당 측에서 불법적으로 증축한 공용 공간이 문제의 발단이었습니다. 이 식당은 건물의 공용 부분에 간이 창고를 설치하고, 식당에서 사용하는 기자재를 보관해 왔습니다. 이 불법 구조물은 이미 건축물대장에 '위반 건축물'로 등록되어 있었지만, 건축물대장을 제대로 확인하지 못한 부동산 중개업소와 미용실 원장님 모두 이를 인지하지 못했습니다.

결국, 미용실 공사는 진행될 수 없었고, 원장님은 고스란히 손해를 떠안게 되었습니다. 이로 인해 부동산 중개업소는 건축물대장 확인 의무를 다하지 않은 책임으로 손해배상 고발까지 당하게 되었습니다. 해당 위반 건축물이 철거되지 않는 한, 신규 미용실 오픈은 불가능한 상황이었습니다.

더 큰 문제는 해당 식당의 태도였습니다. 식당 측은 매년 강제이행금을 납부하면서도 불법 증축물을 철거할 생각이 없었습니다. 이유는 간단했습니다. 위반 건축물 유지로 인한 부가가치가 강제이행금보다 높았기 때문입니다. 결국, 식당과 원장님 간의 이익 충돌로 인해 모든 피해는 신규 미용실 창업자에게 돌아왔습니다.

위 사례처럼 위반 건축물 문제를 미리 알지 못할 경우, 다음과 같은 문제가 발생할 수 있습니다.

1) 공사 중단 및 창업 지연

구청에서 위반 사항을 적발할 경우 공사가 즉각 중단되며, 문제 해결 전까지 추가 공사는 불가능합니다. 이는 불필요한 비용 손실과 창업 지연을 초래합니다.

2) 법적 분쟁 및 손해배상

부동산 계약 시 건축물대장 확인 의무를 다하지 않은 경우, 법적 책임은 중개업소뿐 아니라 이를 간과한 창업자 본인에게까지 영향을 미칠 수 있습니다.

3) 추후 강제이행금 및 철거 비용 부담

위반 건축물로 등록된 부분은 강제 철거 명령이 내려질 수 있으며, 해당 비용은 건물 소유자 또는 사용자에게로 청구됩니다. 강제이행금을 대신 부담해야 할 가능성도 존재합니다.

미용실 창업은 큰 비용과 시간을 투자하는 중요한 과정입니다. 그렇기 때문에 안전한 건물을 선택하는 일은 창업 준비 과정에서 결코 소홀히 할 수 없는 필수 절차입니다. 만약 위반 건축물의 존재를 미리 확인하고 사전에 방지할 수 있다면, 이후 발생할 법적 분쟁이나 시간, 금전적 손해는 확실히 줄일 수 있습니다.

미용실 창업을 준비하는 모든 예비 원장님께서는 계약 전 반드시 위반 건축물 여부를 확인하고, 제시된 조치사항을 따르며 창업 과정을 안전하게 진행하시기 바랍니다. 작은 점검이 큰 문제를 예방할 수 있습니다.

4-2. 건축물의 용도 파악

미용실 창업을 계획할 때 가장 먼저 확인해야 할 요소 중 하나는 "건물이 실제로 미용실 운영에 적합한 '용도'를 가지고 있는가?"입니다. 미용실은 제1종 근린생활시설 또는 제2종 근린생활시설로 분류된 공간에서만 운영이 가능합니다. 용도가 맞지 않으면 허가를 받을 수 없으므로, 초기 단계에서 이를 철저히 확인하는 것이 필수적입니다.

✂ 건축물 용도란 무엇인가?

'건축물의 용도'란, 건축법의 입법 목적인 건축물의 안전, 기능, 그리고 미관을 충족하기 위해 건축물의 종류를 유사한 구조와 이용 목적에 따라 분류한 것을 의미합니다. 즉, 공간이 고유의 목적에 맞게 사용되도록 규정한 것입니다.

✂ 용도 확인 방법, 건축물대장 조회

건물의 용도가 미용실 운영에 적합한지 확인하려면, 건축물대장을 조회해야 합니다. 건축물대장은 건물의 '호수'별로 해당 공간의 용도를 정확히 명시한 문서입니다.

건축물대장은 정부24 플랫폼(www.gov.kr) 또는 관할 시·구청을 통해 열람 및 발급 가능합니다. 건물의 주소지를 입력해 원하는 호수의 특정 용도 파악할 수 있습니다. 만약, 계획 중인 미용실의 공간이 용도(제1종 근린생활시설 또는 제2종 근린생활시설)에 적합하다면 별다른 문제가 없지만, 용도가 미용실로 허용되지 않는 공간이라면 추가 절차를 진행해야 합니다.

✂ 용도가 맞지 않을 경우 해결 방법

용도가 미용실에 적합하지 않을 경우, 건축물 용도를 변경하는 작업을 고려해야 합니다. 이 과정은 간단하지 않으며, 몇 가지 중요한 단계와 비용이 수반됩니다.

1) 건물주의 동의 얻기

용도 변경을 위해서는 반드시 건물주의 사전 동의가 필요합니다. 이는 용도 변경 같은 건축적·법적 절차가 건물의 가치를 변경하거나 추가 조치를 요구할 수 있기 때문입니다. 동의를 얻지 못하면 변경은 불가능합니다.

2) 건축사를 통한 용도 변경 신청

건물주의 동의를 받은 후, 공인 건축사를 통해 용도 변경 절차를 진행해야 합니다. 건축사는 건축물대장의 내용 수정 및 필요 서류 작성을 도와줍니다. 이 과정에서 발생하는 비용은 대체로 수백만 원 이상이며, 건물의 위치, 용적률, 건축된 연도 등에 따라 달라질 수 있습니다. 지자체나 특정 구역에서는 용도 변경 자체가 제한될 수 있으니, 사전 상담이 필수적입니다.

3) 용도 변경 가능 여부 확인

용도 변경이 가능하려면 국토의 계획 및 이용에 관한 법률 및 건축법에서 허용하는 용도 간 변경 범주에 해당해야 합니다. 용도는 대분류(9가지), 중분류(28가지), 소분류(88가지)로 구분됩니다.

예를 들어, '주택'을 '미용실(제1종 근린생활시설)'로 변경하는 것은 '중분류' 간 변경에 해당합니다. 적법한 변경 가능 여부를 관할 지자체 건축과(건축허가부서)에 문의해서 검토를 받으세요.

4) 부지 사용 용도 확인

부지가 위치한 지역이 미용실 운영(상업 시설)이 가능한 지역인지 확인해야 합니다. 용도를 제한하는 규제가 있을 수 있으므로 도시계획 확인원(지적도)을 통해 해당 부지의 용도를 확인하세요. (제한 예: 주거형 지구, 녹지지역, 개발제한구역 등)

5) 소요 기간

용도 변경에는 보통 몇 주에서 몇 달까지 시간이 걸릴 수 있습니다. 창업 일정의 차질을 방지하기 위해 시간이 오래 걸릴 수 있다는 점을 염두에 두세요.

✂ 용도 변경 신청 및 절차

1) 건축설계사와 협의

용도 변경 신청을 위해서는 해당 건축물의 도면 및 구조 등이 필요하므로, 전문 건축사 사무소(설계사무소)를 통해 변경 작업에 대한 설계를 진행해야 합니다. 용도 변경 시 소방시설이나 위생시설 등 추가적인 요건이 요구될 수 있으므로 이에 맞춰 점검을 받아야 합니다.

2) 용도 변경을 위한 서류 준비

용도 변경 신청 시 필요한 서류는 다음과 같습니다.(지자체마다 약간의 차이가 있을 수 있으므로 관할 구청 또는 시청에 반드시 확인)
- ◆ 건축물대장
- ◆ 도면 및 건축물 설계도서

- ◆ 기존 건축물의 사진 또는 자료
- ◆ 구조안전 확인 서류(구조 변경이 필요한 경우)
- ◆ 신청서(관할 시·군·구청에서 발급)
- ◆ 도시계획 확인원(부지 용도 확인)

3) 용도 변경 신청

준비된 서류를 가지고 관할 시·군·구청 건축과에 용도 변경 신청을 합니다. 관할 기관의 공무원이 서류 검토 후, 현장을 방문하여 적합성을 확인합니다.

✂ 관련 승인을 위한 점검 및 기준 충족

1) 소방 안전 점검

미용실에서 사용되는 전기·가스시설로 인해 화재 위험이 있으므로, 소방법 관련 기준을 충족해야 합니다. 소방시설 설치(스프링클러, 화재경보기 등)가 필요하다면 추가 공사가 요구될 수 있습니다.

2) 위생 및 영업 허가 기준 충족

미용실은 공중위생관리법에 따라 관리되는 공중위생업소입니다. 따라서 추가적인 위생 기준(작업대, 세면대, 고객 대기 공간 등)을 충족해야 합니다. 필요시 보건복지부 지침에 따른 위생 점검을 받아야 허가가 완료됩니다.

3) 주차장 증설 요건

제1종 근린생활시설인 미용실로 변경하는 경우, 주차 공간이 시설 규모에 따라 추가로 확보되어야 할 수도 있습니다. 관할 구청의 주차장 기준을 확인하세요.

✂ 용도 변경 완료 및 후속 절차

1) 변경 완료 승인

용도 변경이 적합하다고 판단되면 건축물대장에 변경된 용도가 기재됩니다. 변경 완료 후 새로운 대장을 발급받으십시오.

2) 영업 신고

용도 변경 승인 이후, 미용실 영업 신고를 보건소(시·군·구청 내)에 진행하십시오. 필요한 서류는 다음과 같습니다.

- ◆ 영업 신고서
- ◆ 위생교육 수료증
- ◆ 신분증 사본
- ◆ 건축물대장(용도 변경 후)
- ◆ 사업자 등록증 사본

✂ 용도 변경 진행 시 주의 사항

 허가 없이 용도 변경 공사 및 영업을 시작하면 법적 제재를 받을 수 있습니다. 불법 상태로 적발될 경우 영업 정지 및 벌금 부과 등의 처분이 내려질 수 있습니다. 복잡한 절차와 법적 요건이 연관되어 있으므로, 건축사·설계사무소와 협력하여 진행하는 것이 안전합니다. 미용실 용도로 적합하지 않은 기존 구조나 설비를 개선해야 할 경우 추가 공사비가 발생할 수 있습니다.

관련 기관 연락처
- 용도 변경 문의: 관할 시·군·구청 건축과
- 도시계획 확인: 국토정보플랫폼(www.nsdi.go.kr)
- 영업 신고 및 위생 검사: 관할 보건소

 처음 창업을 준비하는 분들이 자주 간과하는 부분은 미용실과 관련된 건물 법규가 꽤 제한적인 경우가 많다는 점입니다. 예를 들어 기존 건물에 불법 증축된 공간이 있다면 문제가 발생할 확률이 높습니다. 불법 건축물은 용도 자체가 불확실하거나 허가가 내려지지 않을 가능성이 큽니다. 모든 근린상가 건물이 미용실 용도로 적합한 것은 아닙니다. 따라서 계약 전에 여러 번 확인하고 전문가의 도움을 받는 것이 중요합니다.

✂ 건축물의 용도 변경 사례

 미용실 창업을 준비하는 과정에서 발생할 수 있는 문제를 구체적인 사례를 통해 알아보겠습니다. 한 원장님께서는 부동산 중개소의 소개로 도심의 근린상가 2층에 위치한 25평형 서점을 임대하려 했습니다. 내부에 화장실도 있었고, 공간 구조나 위치도 마음에 들어 미용실 창업을 진지하게 고려하게 되었습니다. 그러나 허가 절차를 진행하는 과정에서 뜻밖의 문제가 발생했습니다. 구청 위생과로부터 미용실 허가가 나지 않는다는 답변을 들은 것입니다. 문제가 된 건 바로 '건축물 용도'였습니다.

 미용실은 일반적으로 근린생활시설에 해당합니다. 하지만 이 서점은 건축물대장에서 교육연구시설로 용도가 명시되어 있었고, 이로 인해 미용실 운영을 위한 허가를 받을 수 없었습니다. 구청 관계자에 따르면, 해당 공간은 미용실로 사용하려면 제1·2종 근린생활시설로 건물의 용도를 변경해야 했습니다. 이는 단순히 행정적인 신고로 끝나는 것이 아니라, 전문가(건축사)에게 용도 변경을 의뢰하고 관련 비용을 부담하는 절차를 수반합니다.

 예를 들어, 음식점은 근린생활시설에 속해야 하고, 병원이나 연구기관은 의료시설이나 교육연구시설로 지정되어야만 운영이 가능합니다. 이처럼 공간의 사용은 용도 규정을 반드시 충족해야 하며, 이를 위반할 경우 행정상의 처벌이나 운영 제한을 받을 수 있습니다. 미용실은 법적으로 근린생활시설 중 제1·2종 근린생활시설에 해당하므로,

해당 건물의 용도도 이에 부합해야만 허가가 가능합니다.

원장님은 건축사를 통해 용도 변경 절차를 진행하려 했지만, 예상치 못한 제약과 비용이 발생했습니다. 견적을 요청한 결과, 용도 변경에는 약 250만 원에서 500만 원의 비용이 소요된다는 사실을 알게 되었습니다. 이 외에도 변경 절차에 소요되는 시간, 관련 서류 제출, 혹은 추가적인 공사(예: 배수 설비 개선) 등의 부가요소가 추가 부담으로 작용했습니다. 결국, 해당 장소에 미용실을 열겠다는 계획은 포기할 수밖에 없었습니다.

이 사례는 미용실 창업 과정에서 건축물 용도를 사전에 확인하는 것의 중요성을 잘 보여 줍니다. 창업자가 미리 용도를 확인하지 못하며, 시간과 비용이 낭비될 뿐만 아니라 창업 자체가 무산될 위험도 있습니다.

정부24(www.gov.kr)나 민원24에서 건축물대장을 열람하면 건물의 용도를 정확히 확인할 수 있습니다. 건축물대장에 기재된 내용을 명확히 해석하기 어려운 경우, 해당 건물이 위치한 구청 건축과에 문의하십시오. 지번과 층수를 알려 주면 건물의 용도와 해당 용도로 허가가 가능한지에 대한 답변을 얻을 수 있습니다. 건축물대장에서 건축물 용도가 제1·2종 근린생활시설로 명시되어 있을 경우, 용도 변경이 불필요할 수 있습니다. 하지만 세부 내용이 다를 수 있으니 이를 확인하는 것이 안전합니다.

허가 절차가 간소화되었다고 해도 건축물 용도 변경은 시간이 걸리고 추가 비용까지 발생합니다. 또한, 일부 건축물은 구조적인 문제로 인해 용도 변경이 불가능할 수 있습니다. 이를 간과하여 임대 계약을 체결했을 경우, 계약 해지와 관련된 손해 배상이 뒤따를 수도 있습니다.

미용실 창업 초기에 생길 수 있는 대표적인 문제가 바로 이 '건축물 용도' 관련 이슈이니, 임대 계약을 체결하기 전에 건축물대장을 확인하십시오. 바쁘더라도 반드시 구청에 문의해 두 번 확인하십시오.

4-3. 정화조 용량 확인

미용실을 신규 오픈할 때 예상하지 못한 문제들이 발생할 수 있습니다. 그중에서도 정화조(오수 정화 시설) 용량 문제는 신규 창업자들이 놓치기 쉽지만 매우 중요한 사항 중 하나입니다. 특히 오래된 상가건물이나 집합상가에서는 정화조가 포화 상태이거나 용량 부족으로 인해 사업에 직접적인 영향을 미칠 수 있습니다. 실제 사례를 통해 이 문제를 살펴보고, 이를 방지하기 위한 방법들을 알아보겠습니다.

오래된 구축의 상가는 정화조가 묻혀 있습니다. 그래서 1년에 한 번씩 정화조 청소를 해야 하는데, 해당 상가의 인수에 맞춰 정화조가 묻혀 있습니다. 미용실이 입점하면서 용량을 초과하는 경우가 있고 입점 전부터 초과된 경우가 있습니다.

✂ 정화조 용량 확인하는 방법

정확한 용량 확인을 위해서는 건축물대장 또는 건물 등기부등본을 확인하거나, 관할 구청의 환경과에 문의하여 확인할 수 있습니다. 미용실 운영 시 예상되는 오수 발생량을 계산하고, 기존 정화조 용량과 비교하여 용량이 부족한지 여부를 판단해야 합니다.

[건축물대장 이미지 - 판독 불가]

✂ 정화조 용량 부족 시 대처 방안

1) 정화조 용량 부족이 크지 않은 경우

정화조 청소 주기를 단축하여 대응할 수 있습니다. 단, 이 경우 관할 구청에 '정화조 청소 이행 각서'를 제출해야 하며, 청소 비용 부담 주체(임차인 또는 임대인)를 명확히 정하고 계약서에 기재해야 합니다. 잦은 청소로 인한 추가 비용 발생을 고려해야 합니다.

2) 정화조를 증설

하지만 증설 공사에는 상당한 비용과 시간이 소요되며, 건물 구조상 증설이 불가능한 경우도 있습니다. 현실적으로 불가능합니다. 정화조 증설이 어려운 경우, 별도의 오수처리시설 설치를 고려할 수 있습니다. 하지만 이 또한 현실적으로 불가능합니다.

✂ 정화조 관련 분쟁 예방을 위한 팁

임대 계약 전 정화조 용량 및 관련 사항을 건축물대장 및 구청 환경과를 통해 확인합니다. 정화조 관련 문제 발생 시, 건물주와 협의하여 해결 방안을 모색합니다. 정화조 용량 문제는 미용실 운영에 차질을 발생시킬 수 있는 중요한 요소입니다. 사전에 꼼꼼하게 확인하고 대비하여 안정적인 미용실 운영을 위한 기반을 마련해야 합니다.

✂ 정화조 용량 초과 사례

한 신규 미용실 창업자는 아파트 단지 내 상가 건물 2층 코너에 입점하기 위해 임대 계약을 체결했습니다. 하지만 구청 위생과에 사업 신고를 위해 방문했을 때, 정화조 용량이 이미 초과된 상태라는 통보를 받았습니다. 구청 측의 안내에 따르면, 단지 내 다른 상가 입주민들의 동의를 받아 1년에 2번 정화조를 추가 청소한다는 조건을 충족해야 영업 신고증을 발급할 수 있다고 했습니다. 하지만, 비록 창업자가 모든 정화조 청소 비용을 부담하겠다고 제안했음에도, 입점해 있는 다른 상가 사용자들은 동의를 거부했습니다. 결국 동의서가 확보되지 않아 사업 허가를 받을 수 없었고, 해당 공간에서의 미용실 오픈은 불가능해졌습니다.

이 사례는 기존 정화조 용량이 초과된 상태의 오래된 건물에서 발생할 수 있는 대표적인 문제점 중 하나입니다.

✂ 하수도 직결 방식(직투식 방식)

최근에 지어진 건물들은 과거처럼 정화조를 설치하지 않는 경우가 많습니다. 대신, 직접 하수도와 연결하는 방식을 통해 오폐수를 처리하고 있습니다. 이를 '직투식 방식(직접투입 방식)' 혹은 '하수도 직결 방식'이라고 합니다. 따라서 최근에 지어진 건물은 정화조 용량을 걱정할 필요가 없습니다.

이 방법은 건물에서 나오는 모든 오폐수를 정화조를 거치지 않고 바로 지방자치단체에서 관리하는 공공 하수도로 보내어 처리하는 시스템입니다. 정화조는 설치와 유지 관리가 비용이 많이 들고, 제대로 관리하지 않으면 악취나 오염 문제를 일으킬 수 있습니다.

공공 하수처리시설로 직결하면 더 체계적이고 효율적으로 오폐수를 처리할 수 있기 때문에 정화조 대신 하수도 직결 방식을 채택합니다. 2000년대 초반부터 국가와 지방자치단체에서는 정화조 사용을 줄이고 공공 하수도로 연결하는 정책을 지속적으로 확대했습니다. 하지만 본격적으로 신축 건물에 대해 하수도 직결 방식을 의무화한 것은 2010년대 이후입니다. 특히, 도시 지역에서는 하수도 시설이 잘 정비되어 있어, 대체로 2010년대 중반 이후 건축된 건물들은 정화조 없이 하수도로 직결하는 경우가 많습니다.

4-4. 동일 업종 제한(상가의 관리 규약) 확인

✂ 동일 업종 제한이란?

　동일 업종 제한이란 '같은 업종의 과도한 입점을 방지하기 위한 조치'를 말합니다.

　동일 업종 제한은 집합 상가(여러 개의 점포가 입점한 건물이나 쇼핑몰)에서 흔히 적용되는 규정으로, 건물 소유주나 관리단에서 채택하는 제도입니다. 쉽게 말해, 특정 건물 내에 동일하거나 유사한 업종의 점포가 지나치게 많아지는 것을 막기 위해, 각 업종당 입점 가능한 점포 수를 제한하는 규정입니다.

　예를 들어, 이미 건물 내에 미용실이 운영 중이라면, 건물의 동일 업종 제한 규정에 따라 새로운 미용실 입점이 금지될 수 있습니다. 이는 기존 점포들 간의 과도한 경쟁을 줄이고, 건물 전체의 업종 구성을 고르게 유지하기 위해 도입됩니다. 단순히 '먼저 입점한 사람이 유리한 것 아닐까?'라고 생각할 수도 있지만, 관리단 규약 등 법적으로 명시된 내용이기 때문에 실제로 계약이 제한될 수 있습니다.

　동일 업종 제한을 사전에 확인하지 않고 계약을 진행하는 경우, 이미 입점 제한이 설정된 업종이라면 미용실 오픈 자체가 불가능합니다. 이는 계약금을 잃거나 목표했던 입점 계획이 무산되는 큰 리스크로 이어질 수 있습니다.

✂ 어떻게 확인할 수 있을까?

1) 건물 관리사무소 방문

동일 업종 제한은 주로 건물 내 분양계약서, 관리단 규약, 혹은 관리사무소를 통해 확인할 수 있습니다. 건물 관리사무소에 찾아가 관리소장이나 담당 직원에게 직접 물어보는 것이 가장 정확한 방법입니다. 건물 내에 이미 비슷한 업종(예: 미용실)이 있는지, 내규에 동일 업종 제한 조항이 포함되어 있는지 반드시 확인해야 합니다. 가능하다면, 분양계약서나 관리단 규약 등 관련 서류를 확인하십시오. 이는 단순 구두 확인보다 더 신뢰할 수 있는 정보입니다. 부동산 중개소에 의존하지 말고, 직접 내규를 요청하여 서면으로 확인하는 것이 바람직합니다.

2) 부동산 중개업소에 상담

부동산 중개를 통해 임대가 진행되는 경우, 계약 과정에서 상가 내 규정(특히 동일 업종 제한 포함)을 명시적으로 설명했는지 확인하고 서면 기록을 남겨야 합니다. 만약 부동산 중개소가 정보 제공을 소홀히 할 경우, 계약 불이행으로 인한 법적 책임 문제로 이어질 수 있기 때문입니다.

3) 계약 전에 꼼꼼히 검토

상가 임차 계약을 진행하기 전에, 계약서 내에 동일 업종 제한 관련 내용이 포함되어 있는지 반드시 확인하세요. 모호하거나 알 수 없는 조항은 변호사나 전문가와 함께 읽어 보는 것도 좋은 방법입니다.

4) 공사 시작 전 마지막 점검

공사를 시작하기 전 관리사무소나 입주자 동의 여부를 다시 확인해 추가적인 문제가 없는지 확인해야 합니다. 동일 업종 제한과 관련된 문제는 매우 치명적이므로, 이미 공사가 진행 중이라도 제3자의 이의 제기를 막기 위해 설정된 규정을 철저히 숙지해야 합니다.

부동산 중개업자는 전문가이지만 모든 건물의 세부적인 규정까지 완벽하게 파악하고 있지는 않을 수 있습니다. 따라서 부동산 중개업자의 정보만 믿고 계약을 진행하기보다는, 위에 제시된 방법들을 통해 직접 확인하는 것이 안전합니다. 이는 불필요한 분쟁과 손실을 예방하는 가장 확실한 방법입니다.

　동일 업종 제한은 단순히 '미용실' 뿐만 아니라, 유사한 서비스를 제공하는 업종까지 포함될 수 있습니다. 예를 들어, 네일숍, 피부관리숍, 메이크업숍 등이 이에 해당될 수 있습니다. 따라서 '미용' 관련 업종 전반에 대한 제한 조항이 있는지 꼼꼼하게 확인해야 합니다. 관리 규약이나 분양 계약서에 명시된 '업종'의 정의를 명확히 파악하고, 자신의 사업이 제한 대상에 포함되는지 여부를 판단해야 합니다.

　동일 업종 제한 규정을 꼼꼼히 체크하지 않고 입점 계약을 맺었다가, 이후 문제가 발생하면 법적 분쟁으로 이어질 가능성도 있습니다. 한정된 상권 내에서 같은 업종 간의 지나친 경쟁은 가격 전쟁, 고객 분산 등으로 이어질 수 있으니, 신중히 파악해야 합니다.

　동일 업종 제한은 단순한 규정 사항이 아니라, 성공적이고 안정적인 미용실 운영에 미치는 영향이 매우 큽니다. "아무도 나에게 알려 주지 않았어요!"라는 실수를 피하려면, 사업 초기 단계부터 꼼꼼히 확인하고 체크하는 습관을 들이세요. 제대로 된 준비만이 성공의 지름길입니다!

✂ 동일 업종 제한 사례

　미용실 창업을 준비하는 과정에서 간과하기 쉬운 함정 중 하나가 바로 '동일 업종 제한'입니다. 특히 집합상가에 입점하려는 경우, 임대차 계약 전 이 부분을 꼼꼼히 확인하지 않으면 낭패를 볼 수 있습니다. 인천 옥련동에서 발생한 사례를 통해 동일 업종 제한의 중요성과 예방

책을 자세히 살펴보겠습니다.

다음은 인천 옥련동의 한 집합 상가에서 발생한 실제 사례입니다.

한 미용 창업자가 집합 상가 2층에 40평 공간을 부동산 중개소를 통해 임대하고, 헤어숍 오픈을 준비하고 있었습니다. 이후 목공사가 시작되면서 공간은 점차 미용실의 형태를 갖춰 가고 있었고, 공사는 순조롭게 진행되는 듯했습니다.

그런데 공사 시작 약 2주 후 갑작스러운 공사 중지 명령을 받게 됩니다. 이유는 같은 상가 3층에 이미 운영 중이던 또 다른 미용실의 항의 때문이었습니다. 해당 상가의 내규에는 "같은 업종은 상가 내 추가 입점할 수 없다."라는 동일 업종 제한 조항이 명시되어 있었던 것입니다.

문제의 발단은 임대 시점에서 이 내용을 전혀 확인하거나 안내받지 못했던 것이었습니다. 이에 따라 공사는 중단됐고, 사업자는 부동산 중개소를 상대로 법적 다툼을 벌이며 미용실 오픈이 계속 지연되는 부담을 떠안아야 했습니다. 결과적으로 막대한 손실과 시간이 낭비된 셈입니다.

이 사례는 단순한 불운이 아니라, 창업 준비 과정에서 창업자가 반드시 확인해야 할 여러 요소 중 하나를 놓쳤기 때문에 발생한 문제입니다. 동일한 상황이 반복되지 않도록 하기 위해 다음과 같은 사전 점검 과정을 거칠 것을 강력히 권장합니다.

✂ 전 사업자의 폐업 확인

미용실 신규 창업을 앞두고 위치를 선정하는 과정에서 놓치면 안 되는 중요한 단계 중 하나가 바로 전 사업자의 폐업 여부를 확인하는 것입니다. 간과하기 쉽지만, 제대로 확인하지 않을 경우 예상치 못한 문제들이 발생할 수 있어 창업 준비에 차질을 빚게 됩니다. 다음에서는 전 사업자 폐업 확인의 필요성과 폐업 미확인으로 발생할 수 있는 문제들을 구체적으로 다뤄 보겠습니다.

1) 전 사업자의 폐업 확인이 중요한 이유

건물이나 상가를 임대받아 사업을 시작하려면, 이전 입주자의 사업과 관련된 기록이 완전히 정리되어 있어야 합니다. 이는 미용실을 운영하기 위해 필요한 사업자 등록, 영업 신고, 위생 허가 등을 순조롭게 진행하기 위해 필수적인 조건입니다. 만약 전 사업자가 폐업 처리를 하지 않았거나 서류상 문제가 남아 있다면, 다음과 같은 어려움이 발생할 수 있습니다.

2) 폐업 확인이 안 됐을 경우 발생할 수 있는 문제

사업자 등록이 제한받습니다. 폐업 처리가 완료되지 않은 경우, 이미 동일 주소지에 등록되어 있는 사업자가 존재하는 것으로 간주되기 때문에 신규 사업자 등록이 불가능할 수 있습니다. 이러한 문제가 발생하면 당신의 사업자 등록이 아예 거부되거나 보류 상태에 놓일 수 있습니다.

영업 허가 승인의 지연될 수 있습니다. 미용실을 운영하려면 관할 구청을 통해 영업 허가를 받아야 합니다. 그러나 전 사업자의 폐업 처리가 완료되지 않았다면, 이 주소지에서 새로운 영업 허가를 받을 수 없어 미용실 개업 일정에 심각한 지장을 초래할 수 있습니다.

과거 채무 및 세금 문제가 발생할 수 있습니다. 전 사업자가 해당 공간을 쓰면서 미처 청산하지 못한 채무나 지방세, 관리비 등의 미납금이 발견될 경우, 법적 책임의 소지가 이전 사업자와 임대인 간에 얽혀 여러분의 사업에 불이익으로 이어질 가능성이 큽니다. 만약 전 사업자가 계약상 퇴거를 완료하지 않았거나 임대인과의 문제를 해결하지 않은 상태라면, 불필요한 분쟁에 휘말릴 위험도 있습니다. 이는 창업자의 시간과 비용을 낭비하게 만드는 요인이 될 수 있습니다.

3) 폐업 확인 절차와 팁

국세청 홈택스(hometax.go.kr)나 세무서에서 확인이 가능합니다. 전 사업자의 동의를 얻어 해당 사업장의 폐업 사실 증명서를 발급받는 것이 중요합니다. 동의 없이 진행이 어렵다면 건물주나 임대인을 통해 확인을 요청하는 것도 방법입니다. 임대계약을 체결하기 전, 직접적으로 전 사업자와 거래가 없더라도 임대인을 통해 과거 미납금과 관련된 문제가 없는지 확인하십시오. 관리비나 공과금의 영수증 등을 확인해 보면 구체적인 정보를 얻을 수 있습니다.

전 사업자의 폐업 확인은 복잡하고 까다롭게 느껴질 수 있지만, 이는 보다 안정적인 창업을 위한 필수적인 절차입니다. 실제 창업 경험이 많은 전문가들은 "가장 완벽한 상권조사와 인테리어가 준비되었더라도, 전 사업자의 기록 문제가 걸림돌이 되면 아무 소용이 없다."라고 말합니다. 따라서 임대차 계약을 진행하기 전에 전 사업자의 폐업 여부 확인을 위한 서류를 반드시 요청하고, 필요한 경우 전문가(세무사 등)의 도움을 받는 것이 바람직합니다.

지금까지 공인중개사도 모르는 미용실 임대차 계약 시 허가사항에 대해 확인해 보았습니다. 허가업종이란 법령에 따라 관할관청의 허가를 받거나 등록 또는 신고를 해야 영업할 수 있는 업종을 말합니다. 미용실, 네일숍, 애견미용숍 등이 이에 해당되며 관련된 개별법에 따라 시설 및 설비를 갖추고, 자격 요건을 충족해야 영업 허가를 받을 수 있습니다. 영업 허가를 받은 후에는 사업자 등록을 할 수 있습니다. 오픈 시 반드시 확인하고 계약 하셔야 계약금 날리지 않습니다. 대표적인 허가 업종인 미용실은 허가 사항에 맞는지 확인해야 되지만, 공인중개사도 간과하고 지나치는 경우가 많으니 본인이 직접 챙겨서 확인해 보세요.

따라서, 허가 사항을 꼼꼼히 살펴서 미용실 신규 창업에 문제가 없는지 반드시 확인하시기 바랍니다. 미용실 신규 창업 허가 사항 및 기타 확인할 사항을 정리해 보겠습니다.

- ◆ 위반(불법) 건축물 유무
- ◆ 정화조 용량 확인(구축 건물의 경우)
- ◆ 건물의 용도 확인
- ◆ 동일 업종 제한 여부 확인(별도 상가 내규)
- ◆ 전 사업자 폐업 여부 확인

위 5가지 사항은 부동산 중개사도 잘 모르는 상가 거래 유형입니다. 하지만, 원장님들이 꼼꼼하게 확인하실 수 있는 방법은 해당 건축물대장을 확인하고 구청 위생과에 방문합니다. 그리고, 미용실 허가가 되는지 알고 싶다고 이야기하시면 그 자리에서 확인(동일 업종 제한 여부는 건물 관리실, 전 사업자 폐업 확인은 세무서)하고 알려 줍니다. 이렇게 발품을 팔면 안전하게 미용실 창업할 수 있습니다.

4-5. 신규 오픈 시 알아 두면 좋은 팁!

　미용실을 처음 오픈할 때, 이미 미용 시설로 설계되지 않은 공간을 활용하려면 다양한 관점에서 세심한 준비가 필요합니다. 단순히 인테리어만 신경 쓰는 것을 넘어, 전기·수도·배수·위생·누수 등 여러 요소를 꼼꼼히 챙겨야 추후 예기치 못한 문제를 줄일 수 있습니다. 아래 내용은 미용실이 아닌 장소를 신규 미용실로 탈바꿈할 때 반드시 확인해야 할 핵심 사항들을 정리한 가이드입니다.

✂ 수압과 배수 시설 점검

1) 수압
　미용실에서 가장 중요한 설비 중 하나인 샴푸대는 수압이 일정하고 충분해야 원활하게 작동합니다. 수압이 약하면 펌제·염색제·트리트먼트 등을 헹구는 데 시간이 오래 걸려, 고객 대기 시간 및 피로도가 높아집니다. 실제 수도꼭지를 틀어 보고 직접 수압을 측정해 주세요. 문제가 심각하다면 부스터 펌프 설치와 함께 수압 강화형 샤워기를 사용하는 방법이 유효합니다. 건물 자체의 배관 문제가 의심된다면 관리사무소나 건물주와 협의하여 개선 방안을 마련하는 것이 좋습니다.

2) 배수
　오래된 건물에 흔히 있는 문제는 배수관이 좁거나 노후화되어 머리카락과 잔여물이 자주 쌓인다는 점입니다. 이로 인해 배관 막힘과 누수가 발생하면, 영업에 지장을 줄 뿐 아니라 정기적인 유지·보수 비용도 증가하게 됩니다. 인테리어 공사 시, 배수관 중간에 검사구(청소·점검구)를 설치해 두면 막힘 문제가 발생하더라도 신속하게 조치할 수 있습니다. 배수관 경사가 제대로 되어 있는지, 청소를 용이하게 할 수 있는 구조인지 미리 확인하세요.

✂ 전기 용량 및 배전 시스템 점검

1) 전력 수요 계산

미용실은 드라이기, 고데기, 열펌기 등 고출력 기기를 자주 사용하므로 전력 소비량이 매우 높습니다. 최소 5㎾ 이상의 전력을 사용할 수 있는지 확인하세요. 직원이 많거나 사용 기구가 늘어나면 10㎾~15㎾ 이상으로 승압해야 할 수도 있습니다. 예를 들어, 드라이기 한 대가 약 1.2㎾, 열펌기는 2㎾ 이상의 전력을 소모하므로 사전에 모든 기기의 사용량을 합산하여 적절한 전기 용량을 확보해야 합니다.

2) 전기 설비 점검

건물의 배전판 상태와 배선 노후도도 중요한 요소입니다. 낡은 전기 시설은 과부하와 화재 위험을 높이므로, 필요하다면 전기 공사와 준공검사를 함께 진행해야 합니다. 누전차단기와 분전반 설치 상태를 꼭 점검하고, 필요하면 안전장치를 추가로 설치하세요. 이는 고객 안전과 매장 보호에 매우 중요한 부분입니다. 건물주 협조가 필수이므로, 건물주와 사전에 승압 및 전기 공사 가능 여부를 꼭 논의해야 합니다.

✂ 화장실 청결 및 위생 상태 점검

미용실에서는 고객이 보통 1시간 이상 머무를 가능성이 높습니다. 이때 화장실이 더럽거나 악취가 나는 등 위생 상태가 미흡하면 매장 이미지에 악영향을 미칩니다. 특히, 여자 화장실은 매우 깨끗해야 합니다. 남녀 공용 화장실이라면, 손을 씻을 공간·비누·휴지·위생용품 등이 충분히 마련되어 있는지 세심하게 확인하세요. 화장실 내에 손 세정제 등 추가 편의용품을 배치하면 고객 만족도를 높일 수 있습니다.

✂ 누수 및 건물 노후화 상태 점검

오래된 건물일수록 수도 배관, 천장, 벽체, 창문 틈새 등에서 누수가 발생하기 쉽습니다. 누수는 인테리어 손상뿐 아니라 전기·전열기구와 충돌 시 화재 위험도 야기할 수 있습니다. 비가 오는 날 직접 방문하여 물이 새는 부분이 있는지 확인해 보는 것이 가장 확실한 방법입니다. 문제가 발견될 경우, 건물주와 협의하여 방수 공사 또는 노후 시설 보수 작업을 진행하는 것이 좋습니다. 계약 전 방수 이력이나 시설 교체 기록이 있는지도 꼼꼼히 살펴보세요.

✂ 추가로 확인하면 좋은 사항

1) 주차 공간 및 접근성

고객 편의를 위해 매장 주변 주차 공간과 대중교통 접근성을 평가하세요. 번화가나 대로변 주변은 주차 시설이 부족할 수 있으니, 근처 유료 주차장이나 공용주차장도 함께 조사해 두면 좋습니다.

2) 층고와 내부 구조

샴푸대, 조명, 인테리어 장비를 효율적으로 배치하려면 적절한 층고가 필요합니다. 보통 2.5m 이상의 층고가 권장되며, 층고가 낮으면 공간이 좁아 보이고 기기 배치에 어려움이 생깁니다. 다중 이용 시설로 전환 시 소방 시설 배치나 비상구 위치, 내부 동선 등도 충분히 고려하세요.

3) 소음 문제

대로변이나 시장 인근에 위치한 건물은 외부 소음이 크고, 층간 구조에 따라 내부 소음도 상당할 수 있습니다. 추가 방음 시설이 필요한지 사전에 확인하고, 시공 비용까지 계획에 반영하세요.

4) 환기와 공기질 관리

펌·염색 등의 시술 시 화학 약품 냄새가 많이 발생하므로 환기 시스템이 충분히 갖춰져 있어야 합니다. 환기 장치가 미비하다면, 별도의 환풍기·배기 시설을 설치해 시술 공간과 대기 공간의 공기 질을 개선하는 것을 권장합니다.

미용실이라는 공간은 단순히 머리를 손질하는 곳을 넘어, 고객에게 편안함과 만족감을 제공하는 서비스의 장(場)입니다. 기존에 미용실로 쓰이지 않은 시설을 그대로 활용했다가, 나중에 수압·전기 용량·배수·위생 문제 등으로 인해 큰 비용이 들거나 영업이 중단되는 경우가 적지 않습니다. 따라서 오픈 전 단계부터 각종 시설 점검과 공사 기록 확인, 건물주와의 협의 등을 꼼꼼히 진행해야 합니다. 충분한 사전 조사와 준비 과정이 결과적으로 손실 비용을 줄이고, 안정적인 매장 운영으로 이어질 것입니다. 고객이 오랫동안 머물러도 불편함이 없는 공간, 그리고 시술 과정에서 발생할 수 있는 여러 리스크를 최소화한 공간을 만들기 위한 준비가 바로 성공적인 창업의 첫걸음임을 꼭 기억하세요.

05
기존 매장 인수 창업(지위승계)

 새로운 시작의 설렘을 안고 미용실 창업을 꿈꾸시는 여러분, 모든 것을 처음부터 시작하는 것보다 기존 매장을 인수하는 방법도 있다는 사실, 알고 계셨나요? 기존 매장 인수 창업, 즉 지위승계 신고를 통해 창업하면 초기 준비 과정을 간소화하고 기존 사업 기반을 활용할 수 있다는 큰 장점이 있습니다. 하지만 장점만큼이나 고려해야 할 사항도 많습니다. 이 장에서는 기존 매장 인수 창업에 대한 A to Z를 꼼꼼하게 살펴보고, 성공적인 인수를 위한 핵심 정보와 팁을 제공해 드리겠습니다.

✂ 인수 창업(지위승계)이란?

 미용실로 허가가 되어 있는 상태임으로 허가 절차를 생략하고 창업이 가능합니다. 일명, '지위승계 신고' 절차를 통해 가능합니다. 미용실의 지위승계를 통한 양도양수 계약은 미용실의 영업권, 시설, 고객 정보 등 모든 권리와 의무를 일괄적으로 양도하는 계약입니다. 쉽게 말해, 기존 미용실 운영자가 가진 모든 것을 새 운영자에게 넘겨주는 거래라고 생각하시면 됩니다. 이 방식의 장점은 기존 고객층, 이미 구축된 인테리어, 장비와 시설, 노하우 등을 활용할 수 있다는 것입니다. 그러나 모든 것을 인수한다는 것은 '존재하는 문제점' 역시 함께 떠안게 될 수 있음을 뜻하기 때문에 철저한 준비와 검토가 필요합니다.

✂ 지위승계 신고 시 필요한 제출서류

1) 양수인
 양수인의 경우로는 양도·양수를 증빙할 수 있는 서류 사본으로 임대차 계약서, 이·미용 면허증 등이 있습니다. 위생교육 이수 여부 확인으로 위생교육수료증이 필요합니다(신규영업자와 동일). 기타 필요 서류는 해당 관할관청에 구비되어 있습니다.

2) 양도인
 양도인의 경우 이·미용 면허증과 영업 신고증을 반납합니다. 또한

「부가가치세법」 제8조제8항에 따른 폐업 신고를 같이 하려는 경우 제1항에 따른 지위승계 신고서 「부가가치세법 시행규칙」 별지 제9호서식의 폐업 신고서를 함께 제출(이 경우 제출받은 폐업 신고서는 관할세무서에)합니다.

3) 관할 부서(위생과) 서류 검토

- ◆ 법 제11조의3 규정에 의한 행정제재 처분 효과의 승계 규정 적용 여부
- ◆ 법 제11조의4 규정에 의한 같은 영업금지 대상 여부
- ◆ 이·미용업의 경우 개설자의 면허정지 여부 및 면허취소 여부
- ◆ 현행 「공중위생관리법」 제3조의2제4항에 따른 승계 대상에 해당하는지 확인
- ◆ 해당 영업소(건축물)가 「건축법」상 무허가 건축물일 경우

지위승계 신고를 수리하여야 지위 변경의 공법상 법률효과가 발생하며, 형식적·실질적 요건을 심사하여 수리 여부를 결정할 수 있습니다. 지위를 승계하는 자는 해당 영업장에서 적법하게 영업을 할 수 있는 요건을 모두 갖추어야 합니다. 그러나 「공중위생관리법」상 시설 및 설비기준을 갖추었다고 하더라도 「건축법」상 무허가 건축물이라면 적법한 공중위생영업의 지위승계 신고로 보기는 어려워 지위승계가 되지 않을 수 있습니다.

✂ 영업자 지위승계 신고 절차

- ◆ 관할 위생과 방문: 양도인 영업 신고증 반납, 양수인 영업 신고증 발급
- ◆ 세무서 방문: 양도인 사업자 등록증 반납, 양수인 사업자 등록증 발급

으로 이루어집니다.

반드시 양도양수인이 같이 관할 위생과에 방문해야 합니다. 이 외는 양도양수 절차 편에서 자세히 다루겠습니다.

✂ 기존 매장 인수 과정에서 체크 사항

1) 매장 상태 파악

- ◆ 위치와 상권: 미용실이 위치한 지역의 상권이 얼마나 활발한지, 경쟁 매장은 많은지, 발전 가능성이 있는지 확인해야 합니다.
- ◆ 장비 상태: 샴푸대, 기구, 의자 등 주요 장비들의 상태를 점검하세요. 장비 교체가 필요한 경우 추가 비용이 발생합니다.
- ◆ 매장 내부 환경: 인테리어 노후도 상태를 확인하세요. 큰 개선 공사가 필요한 상황이라면 비용이 급격히 상승할 수 있습니다.
- ◆ 고객 데이터 및 기존 단골 고객: 기존의 고객층(단골 고객 포함)이 얼마나 형성되어 있는지, 매장의 주요 타깃층이 명확한지 확인해야 합니다.

2) 재무 상태 확인

- ◆ 미납 공과금 및 임대료: 기존 운영자가 부담한 미납 공과금, 렌털료, 고객 정액권 잔액, 직원 퇴직금 미정산 등을 철저히 확인하고 정산합니다.
- ◆ 매출 기록 분석: 양도인이 제시한 매출 기록의 정확성을 분석하고, 최소 6개월 치 카드 매출 내역 및 고객 관리 프로그램 등을 통해 확인합니다.
- ◆ 임대 조건 확인: 임대차 계약서의 조건을 확인하여 보증금 또는 임대료 인상 가능성을 검토하고, 필요시 임대인과 협의하여 신규 계약 조건을 조율합니다.

3) 법적 문제 확인

미용실 운영 허가 상태 및 위반 사항 여부를 확인하고, 기존 직원이 있다면 고용 계약서와 직원 승계 문제를 논의합니다.

4) 추가 투자 비용 예측

인수 후 필요한 초기 자본 외에도 소소한 리모델링 비용, 신규 마케팅 비용 등을 명확히 계산하여 예산을 계획합니다.

▶ 미용실 인수의 장점
- ◆ 창업 초기 시간 단축: 신규 매장을 오픈할 때 필요한 인허가, 인테리어 등의 시간이 대폭 줄어듭니다.
- ◆ 기존 고객 유지 가능성: 이미 구축된 단골 고객층이나 지역 브랜드 효과를 그대로 이어 갈 수 있습니다.

- 초기 실패 리스크 감소: 기존 운영 데이터(매출, 상권 분석)를 참고하므로 안정적인 시작이 가능합니다.
- 설비와 인테리어 활용: 기존 장비와 인테리어를 재사용할 수 있어 초기 투자비가 절약됩니다.

▶ 미용실 인수의 단점
- 예상치 못한 문제 인수 가능성: 부채(관리비 등 공과금 미납), 고객 클레임(정액권 잔액), 직원 퇴직금 미정산 등 숨겨진 문제가 있을 수 있습니다.
- 매장의 기존 이미지 탈피 어려움: 특히 서비스에 문제가 있었던 미용실이라면, 새로운 이미지를 구축하는 데 더 많은 노력이 필요합니다.
- 잦은 설비 교체 필요성: 기존 설비가 오래되었거나 문제가 있다면 추가 투자 비용이 발생할 수 있습니다.

✂ 성공적인 인수를 위한 팁

1) 기존 운영자와의 충분한 협의
인수 전에 기존 운영자와 충분한 협의를 통해 고객 이관, 운영 노하우, 문제점 등을 파악합니다.

권리 양도양수 계약서를 꼼꼼히 작성하여 양측의 권리와 의무를 명확히 합니다.

2) 현장 방문 필수

단순한 서류 검토를 넘어서 실제 매장을 방문하여 운영 상태를 직접 확인합니다.

3) 단골 고객 승계 전략 마련

인수 후 기존 고객을 유지하기 위한 할인 이벤트, 멤버십 연장 등 매끄러운 고객 승계 전략을 사전에 구상합니다.

4) 재정 상태 철저 점검

매장의 재무 상태를 철저히 분석하여 예상치 못한 부채나 비용 발생을 방지합니다.

5) 법적 요건 준수

모든 법적 요건을 충족하여 지위승계 신고가 원활히 이루어질 수 있도록 준비합니다.

이런 사람이 인수 창업에 적합하다!

- 미용실 운영 경험자: 기존 매장의 운영을 효율적으로 활용할 수 있는 경험과 노하우를 보유한 사람
- 빠른 수익 회복을 원하는 사람: 기존 매출 기반을 통해 빠르게 수익을 창출하고자 하는 사람
- 초기 준비를 최소화하고 싶은 사람: 신규 창업의 복잡한 절차 대신 간단하고 신속한 창업을 원하는 사람

기존 미용실 인수는 막연한 창업보다 현실적이고 구체적인 사업 계획을 세울 수 있다는 큰 장점이 있습니다. 그러나 철저한 조사와 준비가 부족할 경우 예상치 못한 리스크를 안게 될 수 있으므로, 꼼꼼한 사전 조사가 필수적입니다. 성공적인 인수 창업을 위해 철저한 준비와 신중한 결정을 통해 안정적인 사업 기반을 마련하시기 바랍니다. 다음 장에서는 구체적인 양도양수 절차와 권리 양도양수 계약서 작성 방법에 대해 상세히 다루겠습니다.

5-1. 미용실 지위승계(양도양수) 절차

✄ 지위승계(양도양수)란?

미용실 지위승계(양도양수)는 기존 사업자로부터 미용실 영업권, 시설, 재고, 고객 데이터 등을 포함한 사업 전반을 인계받아 새로운 사업자가 동일한 장소에서 원활하게 영업을 이어 갈 수 있도록 하는 과정입니다. 이 절차를 통해 창업 초기의 높은 진입장벽을 낮추고, 안정적인 사업 운영을 시작할 수 있는 기회를 제공합니다. 하지만 성공적인 양도양수를 위해서는 철저한 준비와 주의가 필요합니다.

지위승계(양도양수)를 원활하게 진행하기 위해서는 다음과 같은 서류를 정확히 준비해야 합니다.

1) 양도인(기존 사업자)이 준비해야 할 서류
- ◆ 사업자 등록증: 기존 사업자의 합법적인 영업 상태를 증명하는 기본 서류입니다.
- ◆ 영업 신고증: 미용실 영업을 위한 신고가 완료되었음을 증명하는 서류입니다.
- ◆ 신분증: 신분 확인을 위한 기본 서류로, 주민등록증 또는 운전면허증 등이 필요합니다.

2) 양수인(새로운 사업자)이 준비해야 할 서류
- ◆ 임대차 계약서: 사업장을 임대할 경우, 임대차 계약 조건을 명확히 하는 서류입니다.
- ◆ 미용사 면허증: 합법적인 미용사 자격을 증명하는 필수 서류입니다.
- ◆ 위생교육 필증: 위생 관련 교육을 이수했음을 증명하는 서류로, 미용실 운영에 필수적입니다.
- ◆ 신분증: 신분 확인을 위한 기본 서류로, 주민등록증 또는 운전면허증 등이 필요합니다.

지위승계(양도양수) 절차

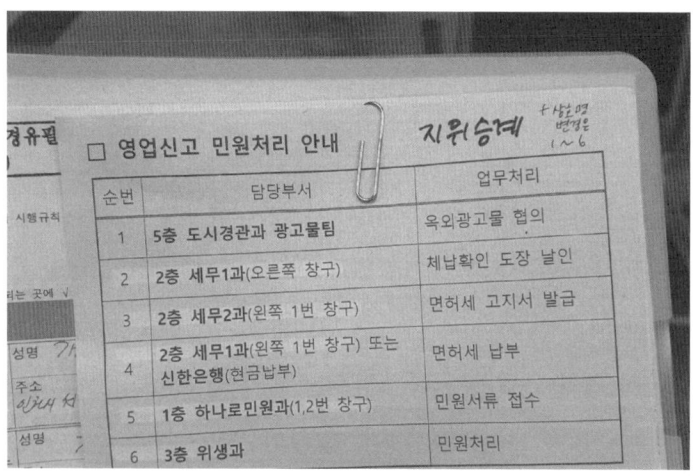

1) 구청 위생과 방문

양도인과 양수인이 함께 해당 관할 지역의 구청 내 위생과를 방문합니다.

- ◆ 양도인: 기존 사업자는 폐업 신고를 진행하고, 관련 서류를 제출합니다.
- ◆ 양수인: 새로운 사업자는 영업 신고를 진행하며, 필요한 서류를 제출합니다.

2) 영업 신고증 발급

- ◆ 양도인의 역할: 폐업 신고서를 작성하고 영업 신고증을 반납합니다.
- ◆ 양수인의 역할: 신규 영업 신고서 발급을 위한 서류(임대차 계약서, 미용사 면허증, 위생교육 필증 사본 등)를 제출합니다.
- ◆ 서류 검토 및 발급: 지위승계에 의한 경우, 별도의 건물 안전 점검이나 사업 적합성 심사 없이 빠르게 영업 신고증이 발급됩니다. 단, 양수인의 세금 체납 여부를 사전에 확인해야 합니다. 체납이 없을 경우 당일 영업 신고증이 발급되며, 이를 바탕으로 사업자 등록증을 발급받을 수 있습니다.

3) 세무서 방문

- ◆ 양도인의 역할: 기존 사업자 등록증의 폐업 예정 신고를 하고, 이를 반납합니다.
- ◆ 양수인의 역할: 신규 사업자 등록증 발급을 신청하며, 개업 예정일을 지정할 수 있습니다.

> **지위승계(양도양수) 절차 전
> 반드시 권리 양도양수 계약서 작성하기**
>
> 양도인과 양수인이 계약 조건을 명확히 하기 위해 권리 양도양수 계약서를 작성합니다. 법적 보호를 받을 수 있도록 서면으로 작성하며, 필요시 법률 전문가의 자문을 받는 것이 좋습니다.

4) 지위승계(양도양수)시 장점과 고려 사항

지위승계(양도양수)의 가장 큰 장점 중 하나는 기존 고객층 확보입니다. 양도인의 고객 데이터와 고객 관리 방식도 함께 인계받는 것이 중요합니다. 이는 초기 안정적인 수익 창출의 초석이 될 수 있습니다.

지위승계(양도양수)의 고려사항으로는 미용실에 기존 계약(임대차, 렌털 업체, 청소 서비스 등)이 있다면 이 관계는 양수인이 대부분 이어받게 됩니다. 하지만 이 과정에서 몇 가지 주의해야 할 부분이 있습니다.

첫째, 임대차 계약 시 반드시 기존 계약 내용을 확인해야 하며, 밀린 렌털료, 임대료 인상 같은 계약 종료 시점에 따른 불이익이 없는지 확인이 필요합니다. 임대인이 임대료를 조정한다고 통보했을 경우, 계약서에 이를 반영하거나 사전에 합의된 내용을 명확히 기입해야 합니다.

둘째, 양도인이 미납한 공과금, 고객 정액권, 직원 퇴직금, 재료비가 있다면 이를 떠안아야 할 위험이 있습니다. 따라서 계약 체결 전 반드시 모든 금액이 완납되었는지 검증해야 하며, 증빙 서류를 요청해 확인하는 것이 안전합니다.

셋째, 기존에 사용되던 장비나 시설이 정상적으로 작동하는지 확인하고, 문제 발생 시 수리비 책임 여부를 계약서에 기재해야 합니다. 특히 미용재료 인수 여부, 개인 물품 등을 명확히 합니다.

5-2. 권리 양도양수 계약서 작성

미용실을 창업하거나 매입할 때 가장 중요한 절차 중 하나가 바로 '권리 양도양수 계약'입니다. 이는 양도인(기존 사업자)과 양수인(새로운 사업자) 간에 미용실 영업권과 관련된 물품, 시설, 권리금, 영업권 등을 명확히 인계인수하기 위한 필수 문서로, 추후 발생할 수 있는 분쟁을 최소화하는 역할을 합니다. 하지만 미용 업계에서는 단순히 구두 합의만으로 계약금을 먼저 치르거나, 서류가 불충분한 상태에서 빠르게 권리금을 지불해 손해를 보는 사례가 적지 않습니다. 따라서 성공적인 미용실 창업을 위해서는 꼼꼼하고 정확한 계약서 작성이 필수입니다.

✂ 계약 순서와 입금 절차

일반적으로 많은 사람들이 권리금과 관련해 간단히 협의한 뒤, 권리 양도양수 계약서를 작성하기 전에 권리금의 10% 정도를 입금해 버리는 경우가 있습니다. 하지만 이는 매우 위험한 행동입니다. 반드시 권리 양도양수 계약서를 작성한 후에 입금 절차를 진행해야 합니다.

권리금의 잔금 지급도 마찬가지입니다. 건물주와의 상가임대차 계약이 제대로 체결된 이후에 잔금을 지급하는 게 순서입니다. 건물주와 임대 계약이 이루어지지 않으면 권리 양도계약 자체가 무효가 될 수 있으므로, 계약 순서에 따른 입금 순서를 반드시 준수하세요.

> **현실적인 계약 순서 (예시)**
> ① 모든 계약 세부사항(보증금, 임대료, 권리금 등) 협의
> ② 권리 양도양수 계약 합의 및 권리 양도양수 계약서 작성과 권리금의 계약금 지급
> ③ 건물주와 임대차 계약 체결(동의 필수) 보증금의 계약금 지급
> ④ 임대차 계약 잔금일에 보증금 잔급 및 같은 날 남은 권리금 잔금 지급
> ⑤ 담당 관청(구청 위생과, 세무서 등)에서 영업 신고·사업자 등록 절차 진행

✂ 권리 양도양수 계약서 작성 시 필수 항목

권리 양도양수 계약서를 작성할 때 반드시 체크해야 할 세부 항목들을 정리했습니다. 이 중 어느 하나라도 소홀히 한다면 추후에 큰 분쟁이 될 수 있으니 주의하세요.

1) 양도양수 물품 확인 및 명시

인수할 물품 목록을 자세히 기입해야 합니다. 각 물품 상태를 사진으로 촬영해 계약서에 첨부(또는 별도 보관)하면, 추후 분쟁 시 결정적 증거가 됩니다.

2) 시설 상태 점검 및 기록

미용실에서 사용하는 핵심 시설의 상태를 명확히 확인하세요.

- 점검 대상: 수도시설, 전기시설, 냉난방기, 기타 부대시설 등을 빠짐없이 점검하십시오. 특히 누수 여부는 수리비 부담 문제로 이어질 수 있으니 반드시 확인해야 합니다.
- 기록 남기기: 점검 결과를 계약서에 포함시켜, 인수 후 문제가 발견되었을 때 비용 부담 책임을 명확히 나눌 수 있도록 하세요.

✂ 임대차 계약 관련 특약 사항

1) 임대보증금 또는 임대료 인상

　권리금 계약에서 가장 흔히 발생하는 문제 중 하나는 건물주 측의 예상치 못한 임대 조건 변경입니다. 임대료 또는 보증금 인상으로 인해 계약을 진행할 수 없는 상황이 발생할 경우를 대비해 다음과 같은 특약을 추가해야 합니다. 건물주도 보지 않고 권리 양도계약서를 작성한다면 해당 특약이 반드시 중요합니다. 예를 들어, "건물주 측의 임대료 상승 또는 조건 변경 시 본 계약은 자동으로 파기된다." 또는 "임대료 상승분을 권리금에서 삭감한다."와 같은 구체적인 문구를 명시하세요.

　이 특약은 특히 건물주의 동의를 받지 않은 상태에서 양도계약서를 작성하는 경우 필수입니다. 임대차 계약이 이루어지지 않으면 권리 양도양수 계약 전체가 무효가 될 수 있음을 항상 염두에 두십시오.

2) 근거리 영업 금지 조항 삽입

 가장 중요한 조항입니다. 근거리 내 동일 업종 영업 금지 조항입니다. 이는 미용실의 고객과 영업권을 보호하기 위해 꼭 필요한 조항입니다. 근거리 영업 금지란? 양도인이 특정 반경 내(예: 1㎞ 이내)에서 동일 업종(미용실)을 개업하지 못하도록 하는 약속입니다.

 실제로 지인 미용실 원장이 권리 양도양수 계약서 작성 없이 미용실을 인수했다가 자신이 인수한 매장의 반경 1㎞ 내에서 양도인 원장이 다른 사람 명의로 미용실을 다시 열어 기존 고객들을 유치하는 일이 있었습니다. 고객 명단도 빼 가서 자기 지명 고객들은 모두 그곳에서 머리를 한다는 한탄의 전화였습니다. 서류 한 장, 문구 하나가 어떤 힘을 발휘하는지 기억하세요! 따라서, 계약서에 다음과 같은 예시 조항을 삽입하세요. "양도인은 본 계약일로부터 ○○년 동안 ○○반경 내에서 동일 업종(미용실)을 운영할 수 없다. 이를 위반할 경우 권리금의 일부 또는 전액을 배상한다."

3) 비용 분담 사항 명시

 양도인이 미납한 공과금, 직원 퇴직금, 재료비, 세금 등의 정산 여부를 객관적 서류로 확인해야 합니다. 현재 사용 중인 병행 가맹 서비스(예: POS 시스템, 음료 자판기 등)나 월 구독 형태의 장비(예: 헤어기구 렌털 계약)가 있다면 이를 어떻게 승계할 것인지 구체적으로 기재하세요. (예: "양도인이 미납한 공과금·재료비 등은 계약 체결 이전까지 전액 상환을 완료하고, 미상환 시 권리금에서 상계하거나 계약을 무효화한다.")

4) 위약 조항 및 분쟁 해결 방법

계약 이행 불가, 계약 파기 시 어떻게 할 것인지 위약 조항을 구체적으로 명시해야 합니다. 분쟁이 발생할 경우, 관할 법원이나 중재 기구를 어떻게 설정할지 명시해 두면 분쟁 해결 절차가 명확해집니다.

권리 양도양수 계약서는 단순한 서류로 끝나는 것이 아닙니다. 그 한 장의 서류가 추후 여러 예상치 못한 상황에서 강력한 보호막이 되어 줄 수 있습니다. 계약서에 빈틈이 있다면, 미용실 시작부터 큰 문제를 직면하게 될 수도 있습니다. 그러니 꼼꼼하고 철저하게 준비하세요. 한 문장, 한 문구마다 신중을 기해 작성한 계약서가 당신의 성공적인 미용실 창업을 위한 든든한 디딤돌이 될 것입니다.

5-3. 권리금 잔금 입금 전 확인사항

　미용실을 창업하면서 권리금 잔금을 지불하기 전에, 양도인의 미납 요금이 있는지 반드시 확인합니다. 이후 발생할 수 있는 문제를 사전에 방지할 수 있습니다. 특히, 미납된 공과금이나 관리비는 사업 초반 운영에 큰 차질을 줄 수 있으므로 세심하게 확인하는 것이 중요합니다.

✂ 미납 여부 확인

1) 인터넷 요금 미납 여부
　인터넷 요금이 미납된 경우, 인터넷 서비스가 끊기거나 새로 가입할 때 불이익이 발생할 수 있습니다. 확인 방법으로는 해당 통신사(예: KT, SK브로드밴드 등)에 직접 연락합니다. 매장 주소나 인터넷 회선 정보를 기반으로 미납 요금 여부 및 잔액을 확인합니다. 미납 요금이 있을 경우, 권리금 잔금에서 해당 금액을 공제한 뒤 입금합니다.

2) 전기 요금 미납 여부
　전기 공급 중단은 미용실 운영에 가장 큰 지장을 줄 수 있는 문제 중 하나입니다. 특히, 전기 사용량이 많은 미용실 특성상 전기 요금 확인은 중요합니다. 확인 방법으로는 지역 전력공사(예: 한국전력 123 고객센터)에 연락합니다. 시설 내 전기 계량기 번호나 주소를 제공해 미납 요금과 잔여 사용료를 확인합니다. 미납된 요금은 권리금 잔금에서 차감 후 정산합니다. 전기 계량기에서 실제 사용량도 별도로 확인해 이전 사업자와의 혼선을 방지하세요.

3) 수도 요금 미납 여부

미용실은 샴푸 시설과 헤어 컬러·펌 작업 등으로 수도 사용량이 많은 업종입니다. 확인 방법은 지역 수도사업국에 전화하거나 방문해 매장 주소를 기반으로 미납 요금과 잔여 금액을 확인합니다. 미납된 금액은 반드시 권리금 잔금과 계산 시 공제해 처리합니다.

4) 각종 렌탈 비용 미납 여부

정수기 같은 렌탈 제품의 렌탈 비용이 미납된 경우, 서비스 중단 또는 렌탈 회사에서 기기를 회수할 가능성이 있습니다. 확인 방법은 정수기 렌탈 계약서나 이전 양도자로부터 받은 렌탈 회사 리스트를 확인합니다. 렌탈 회사 고객센터에 연락해 기기의 계약 상태와 미납 요금을 확인합니다. 문제가 있을 경우 해당 금액을 권리금 잔금에서 차감한 뒤 정산합니다.

5) 비상출동 서비스(예: 캡스) 미납 여부

미용실 보안 시스템(예: CCTV, 비상출동 서비스 등)을 점검하는 것도 중요합니다. 만약 사용 중인 서비스가 미납되었다면, 추가 비용이나 서비스 중단 문제가 발생할 수 있습니다. 확인 방법은 캡스(ADT), S1 등 비상출동 서비스 업체 고객센터에 연락합니다. 매장에 설치된 보안 시스템의 계약 상태 확인 후 미납 요금 여부를 점검합니다. 미납 금액 역시 권리금 정산 시 포함하여 해결합니다.

6) 건물 관리비 미납 여부

특히, 집합건물(즉, 상가몰이나 여러 세입자가 입주한 건물)의 경우 관리비 미납은 매우 큰 문제를 불러올 수 있습니다. 관리비 미납이 누적되면 관리사무소에서 전기와 수도를 끊을 수 있으며, 이로 인해 영업 불가능 상태까지 이어질 수 있습니다. 또한, 관리비는 평당 금액으로 계산되므로 미납 금액이 클 가능성도 있습니다. 확인 방법으로는 건물 관리사무소에 직접 방문하거나 통화하여 해당 점포에 대한 관리비(일반 관리비, 청소비, 경비비, 기타 공용시설 유지비 등) 미납 내역을 확인합니다. 확인한 미납 관리비는 권리금 잔금에서 제외하고 정산합니다. 관리사무소로부터 받는 확인서(즉, '관리비 완납증명서')를 요청하면 더욱 안전합니다.

관리비는 공용 전기와 수도 공급에 직접적으로 영향을 미치므로, 실제 운영에서 문제가 발생하지 않도록 반드시 완전 정산 후 사업을 시작하세요.

7) 기타

수건 세탁, 도시락 배달, 반찬배달 같은 비용이 미납되어 있는지 확인합니다. 대부분 사용 요금이 후불이기 때문에 확인해야 합니다. 또한 정액권 및 직원 퇴직금 정산을 반드시 하세요.

미납 요금을 확인했다면 다음과 같은 방식으로 권리금 잔금을 처리하세요. 미납 금액 총합을 계산합니다. 권리금 잔금에서 미납 금액을 제외한 나머지 금액을 양도인에게 입금합니다. 입금 후 관련 내역을 문서화(통장 이체 내역, 정산 동의서 등)하여 보관합니다.

위의 모든 점검 과정을 철저히 수행하고 정산을 완료하면, 권리금 잔금을 투명하게 해결할 수 있습니다. 이는 안정적인 미용실 운영의 첫 단추가 되어, 창업 초기 불필요한 스트레스와 비용을 최소화할 수 있습니다. 철저한 준비가 성공적인 창업의 시작이라는 점을 잊지 마세요!

✂ 권리금 잔금 입금 후, 당장 해야 할 일

1) 미용실 현관의 비밀번호·시건장치 변경
미용실 현관의 비밀번호 또는 시건장치를 변경하셔야 합니다. 변경하지 않으면 양도자가 야간에 들어와서 물건을 가져가는 일이 발생하는 경우가 있습니다. 이러한 불미스러운 일을 미연에 방지하기 위한 것입니다.

2) 고객 정보(DB) 및 매출 데이터 철저하게 확인하기
권리금 거래가 자주 이루어지는 미용실 업계에서는 실제 거래 조건과 매출 데이터를 정확히 파악하는 것이 성공의 초석이 됩니다. 계약 후 후회 없이 매장을 인수하기 위해, 다음의 중요한 체크리스트를 놓치지 말아야 합니다.

미용실의 성패를 좌우하는 핵심 자산은 단골 고객과 매장의 매출입니다. 따라서, 매장을 양도받기 전에 고객 관리 프로그램(Customer Management System)을 통해 고객 DB와 매출 데이터를 꼼꼼히 검토하는 것이 필수입니다. 이를 확인하지 않고 권리금을 납부하면 '실적 부풀리기'와 같은 함정에 휘말릴 위험이 있습니다.

▶ 고객 관리프로그램을 통한 확인

고객 관리 프로그램은 보통 기존 고객의 방문 내역, 시술 기록, 연락처 등을 체계적으로 저장하고 관리합니다. 반드시 양도자로부터 고객 관리 프로그램 데이터를 제공받고, 고객 DB가 온전히 100% 전달되는지 확인하십시오. 일반적으로 실제 매출 대비 1.5배에서 심지어 2배까지 허위로 부풀려지는 사례도 있으니 주의해야 합니다. 양도자가 "매출이 아주 높다."라고 자랑하더라도 서류상의 매출이 정확한지 반드시 검증해야 합니다.

미용실 운영에서 카드 결제는 전체 매출의 상당 부분을 차지합니다. 하지만 일부 매장에서 현금 비중이 높다며 카드 매출 내역 제출을 거부하거나, 실제 카드 매출 데이터를 은폐하는 경우가 있습니다.

▶ 카드 매출 확인하기

양도자가 카드 매출 내역 제공을 꺼리는 경우 반드시 의심해야 합니다. 직접 카드 단말기 회사를 통해 해당 미용실의 최근 6개월간의 카드 매출 내역을 요청해 확인하세요. 이를 통해 실제 매출을 구체적으로 검증할 수 있습니다. 카드 매출 데이터는 객관적이고 신뢰도가 높은 자료이므로, 권리금의 적정성을 판단하는 데 반드시 활용해야 합니다.

▶ 사례

부천역에 50평 규모의 오픈한 지 1년이 안 된 미용실을 인수하신 원장님이 전 원장을 고소한 일이 있었습니다. 이유는 고객 매출이 허위라고 사기로 고소한 것입니다. 제시한 매출보다 현저히 낮은 카드 매출을 나중에 확인하신 원장님이 전 원장을 고소한 사건입니다. 최근 카드 단말기 매출 6개월 치 확인을 요구 했지만 당신 카드 단말기 매출보다는 고객 관리 프로그램 매출만 고지하였습니다.

양도자가 "현금 매출이 많다."라고 하며 카드 매출을 숨기려 할 때는 그 매장의 신뢰도를 재검토해 볼 필요가 있습니다. 과도하게 '현금 매출' 비율이 높은 경우, 실제 매출 데이터가 왜곡되었거나, 사업상 투명성이 부족할 위험이 있습니다.

권리금은 단순히 양도인의 '말'만을 듣고 결정해서는 안 됩니다. 매출과 고객의 실질적 기반을 분석하고, 권리금을 지불한 만큼의 사업성이 확보되는지를 스스로 판단해야 합니다.

✂ 권리금 산정 기준 체크

 업종에 따라 달라질 수 있지만 미용실의 경우 과거 6개월 이상의 매출 평균을 가지고 권리금을 산정하곤 합니다. 해당 월 또는 특정 시기의 매출 데이터만 보고 권리금을 책정하면 왜곡될 수 있으니 주의해야 합니다. 특히, 성수기(예: 여름 휴가철, 연말) 매출만으로 권리금을 책정하려는 경우 매우 주의할 필요가 있습니다. 해당 지역의 비슷한 규모의 미용실 거래 사례를 조사하여 권리금이 과도하지 않은지 비교하는 것도 좋은 방법입니다.

06
미용실 직거래로 매장 오픈하기

　미용실 창업을 준비하면서 '직거래' 형태로 미용실을 매매하는 사례가 늘어나고 있습니다. 특히 부동산을 통한 중개 수수료를 아끼려는 의도로 직거래를 시도하는 경우가 많습니다. 하지만 직거래는 법적·제도적 안전망이 공인 중개사를 통한 거래만큼 확실하지 않아 사기 피해에 노출될 가능성이 크다는 점을 간과하면 안 됩니다. 이 장에서는 직거래를 통해 미용실을 매매하려는 분들이 어떤 점을 주의해야 하고, 사기 피해를 예방하기 위해 어떤 준비를 해야 하는지 상세히 안내하겠습니다.

✂ 미용실 직거래란?

미용실 직거래는 부동산 중개업자를 통하지 않고, 매도인(현재 미용실 주인)과 매수인(창업 예정자) 간의 직접적인 계약으로 이루어지는 거래 방식입니다. 직거래의 가장 큰 장점은 부동산 중개 수수료를 절약할 수 있다는 점이지만, 그로 인해 발생할 수 있는 법적 다툼이나 사기 피해의 위험은 있습니다. 직거래는 개인 간의 신뢰를 바탕으로 이루어지기 때문에, 법적 보호 장치가 부족하고 정보의 비대칭성이 심각하며, 부동산에 대한 전문 지식의 부재로 인해 사기의 위험에 쉽게 노출될 수 있습니다.

✂ 미용실 직거래, 사기 예방을 위한 완벽 가이드

공인중개사를 통한 거래와 달리 개인 간 직거래는 계약서 작성 시 중요한 조항이 누락되거나, 모호한 표현으로 인해 추후 분쟁 발생 시 불리한 입장에 처할 수 있습니다. 특히, 계약금 반환 조건, 인수인계 절차, 시설 및 장비의 하자 책임 등에 대한 명확한 규정이 없다면 매수인은 큰 피해를 볼 수 있습니다. 따라서 전문가의 도움을 받아 명확한 계약서를 작성하는 것이 매우 중요합니다. 계약서에는 다음과 같은 내용이 반드시 포함되어야 합니다.

1) 매매대금 및 지급방식

계약금, 중도금, 잔금의 정확한 금액과 지급 시기, 지급 방법(현금, 계좌이체 등)을 명시해야 합니다.

2) 인수인계 일정

미용실 운영의 모든 권리와 의무를 인수인계하는 구체적인 일정을 명시해야 합니다.

3) 시설 및 장비의 상태

시설 및 장비의 현황을 상세히 기재하고, 하자 발생 시 책임 소재를 명확히 해야 합니다. 사진 및 영상 자료를 첨부하는 것이 좋습니다.

4) 매출 및 손익 현황

최근 몇 개월간의 매출 및 손익 현황을 정확하게 제시받고, 그 근거 자료를 요구합니다. 허위 정보 제공 시 법적 책임을 명시해야 합니다.

5) 분쟁 해결 절차

계약 관련 분쟁이 발생할 경우, 분쟁 해결 절차를 명시해야 합니다. 중재 또는 소송 등의 방법을 명시하고, 관할 법원을 명시하는 것이 좋습니다.

매도인은 미용실 운영에 대한 정보를 많이 가지고 있지만, 매수인은 그렇지 못합니다. 매도인이 매출액을 부풀리거나, 시설의 문제점을 감추는 경우, 매수인은 사후에 큰 손해를 볼 수 있습니다. 따라서, 매수인은 매도인이 제공하는 정보를 단순히 믿기보다는 다양한 경로를 통해 정보를 확인하고 검증해야 합니다. 예를 들어, 세무서에 매출 자료를 요청하거나, 미용실 주변 상권을 직접 조사하는 것이 필요합니다.

미용실 직거래는 부동산 거래와 달리 전문적인 중개업체의 도움을 받기 어렵습니다. 따라서, 매수인은 계약 조건을 꼼꼼히 검토하고 법률 및 세무 전문가의 도움을 받는 것이 좋습니다. 특히 임대차 계약, 영업권 양도, 세금 문제 등에 대한 전문 지식이 부족하면 큰 손해를 볼 수 있습니다. 법률 전문가는 계약서 검토를 통해 위험 요소를 사전에 파악하고, 세무 전문가는 세금 관련 문제를 해결하는 데 도움을 줄 수 있습니다.

미용실 직거래는 위험을 안고 있지만, 철저한 준비와 주의를 통해 중개수수를 아끼고 안전하게 거래를 진행할 수 있습니다.

✂ 직거래로 인한 대표적인 사기 유형

1) 허위 매출 및 매장 상태 과장

매도의 유리함을 위해 미용실의 월 매출, 단골 고객 수, 순이익 등을 허위로 부풀리는 경우가 많습니다. 일부 매도인은 실제 매출이 뻥튀기된 숫자라는 사실을 계약 이후에야 알게 되는 경우가 잦습니다.

2) 권리금 과다 요구

미용실을 직거래로 양도받을 때, 매도인이 매출과 상권, 인테리어 노후도에 대비 높은 권리금을 요구하는 경우가 많습니다. 설득력 있는 정보를 제공하지 못하면서도 '좋은 자리', '단골 확보', '고수익 가능성' 등을 과대포장해 무리하게 높은 금액을 제시할 수 있습니다.

3) 이중 계약

직거래에서는 특정 매수인을 대상으로 협상을 하면서 동시에 다른 사람과 이중 계약을 하는 경우가 발생할 수 있습니다. 이러한 경우 피해자는 계약금을 돌려받지 못하거나 법적 다툼으로 번질 수 있습니다.

✂ 미용실 직거래, 사기 예방을 위한 핵심 체크리스트

1) 매출 내역 확인

카드 단말기 및 고객관리 프로그램에서 매출 내역을 확인할 수 있으니 직접 요청하세요. 일정 기간(3~6개월)의 매출 기록을 비교하며 일관성이 있는지 검토해야 합니다. 현금과 카드 매출의 비율도 질문을 통해 확인할 수 있습니다. 또한 세부적인 매장의 고정 지출비용(월세, 관리비, 인건비, 전기·수도세 등)을 꼼꼼히 확인해 실수익 구조도 파악할 수 있습니다.

2) 권리금 검토

매도인이 요구하는 권리금이 합리적인지 반드시 검토해야 합니다.

주변 상권 분석 및 유사 규모의 미용실 권리금을 비교해 상대적으로 높은지 낮은지 조사하세요. 권리금 계약 시 매도인이 시설물 인계와 권리금 지급을 어떤 기준으로 설정하는지 명확히 해야 합니다.

3) 기존 임대 조건 검토

기존 임대 조건(보증금, 월세, 계약 기간, 갱신 조건 등)을 세부적으로 검토하세요. 새로운 임차인이 들어오면 조건이 변경될 여지가 있는지 매도인이 건물주와 충분히 협의해서 매수인에게 알려 주어야 합니다.

4) 등기부등본 열람

미용실이 위치한 건물의 등기부등본을 반드시 열람하여, 해당 건물이 현재 담보 대출로 묶여 있거나 압류 상태인지 확인하세요. 등기부등본 확인은 직거래 시 매수인이 확인해야 하는 중요 사항입니다.

5) 계좌 이체와 영수증 보관

계약금 또는 거래대금을 현금으로 지급하면 추후 문제가 발생할 경우 거래 증빙이 어렵습니다. 반드시 계좌 이체를 통해 기록을 남기고, 받은 영수증은 철저히 보관하세요. 중도금 및 잔금을 지급하기 전, 계약서에 명시된 모든 조건이 충족되었는지 마지막까지 확인해야 합니다.

6) 법적 효력을 가진 양식 사용

직거래라 하더라도 법적 효력을 가진 부동산 계약서 양식을 사용해야 합니다. 계약서에는 권리금, 시설물 상태, 매출 정보, 인수인계 내용 등이 구체적으로 포함되어야 합니다. 분쟁 발생 시를 대비해 계약서 내 중재 조항을 추가하는 것도 추천합니다.

7) 부동산 중개업자 활용

가장 안전한 거래 방식은 부동산 중개업자를 활용하는 것이지만, 직거래의 경제성을 무시할 수 없는 경우도 많습니다. 부동산 수수료는 거래 가격의 약 0.9% 정도이지만, 잘못된 직거래로 인해 발생할 수 있는 금전적, 시간적 손실은 그보다 더 클 수 있습니다. 따라서 자신이 미용실 직거래에 대한 충분한 정보를 수집하고, 꼼꼼히 확인할 자신이 있다면 직거래를 시도해 볼 수 있지만, 작은 의심이라도 든다면 전문가의 도움을 받는 것이 장기적인 관점에서 현명한 방법임을 기억하세요.

결론적으로, 직거래는 '비용 절약'이라는 장점이 있지만, 정보 부족과 법적 공백으로 인해 위험을 동반합니다. 따라서 거래 과정의 모든 절차를 철저히 검토하고, 너무 좋은 조건을 제시하는 매물에 대해서는 의심과 검증의 자세를 유지하는 것이 중요합니다.

미용실 창업은 많은 시간과 노력이 투자되는 일이기 때문에 초기 매장 확보에서부터 신중하게 접근해야 합니다. 이 정보를 바탕으로 안전한 거래를 마치고, 성공적인 창업이 이루어지길 바랍니다!

6-1. 미용실 적정 권리금은 얼마일까?

미용실 창업 준비를 하면서 가장 궁금해하시는 것 중 하나가 바로 '권리금'입니다. 그렇다면 권리금은 과연 얼마가 적당한 걸까요?

✂ 권리금이란 무엇인가?

권리금이란 단순히 상가 보증금이나 월세(임대료)와 같은 비용이 아닙니다. 기존 임차인이 쌓아 온 유형 및 무형의 자산을 금전으로 환산한 대가라고 할 수 있습니다. 구체적으로 권리금에는 다음과 같은 항목들이 포함됩니다.

- ◆ 유형 자산: 영업 시설, 비품, 인테리어, 장비 등 물리적인 자산
- ◆ 무형 자산: 기존 고객 정보, 거래처, 영업을 통해 쌓아 온 신뢰와 노하우
- ◆ 상가 입지 조건: 매출에 영향을 줄 수 있는 상권의 위치적 장점

즉, 기존 임차인이 오랜 시간 동안 쌓아 온 경험과 자산의 가치를 반영해 새로운 임차인에게 요구하는 금전적 대가라고 볼 수 있습니다.

여기서 중요한 점은 권리금 계약은 임대인과 무관하게 기존 임차인과 새로운 임차인 간에 이루어진다는 사실입니다. 상가 임대차 계약은 건물주(임대인)와 체결하지만, 권리금 계약은 전적으로 두 임차인의

거래에서 이루어지는 별개의 계약입니다. 이를 모른 채 계약을 진행하다 보면 나중에 분쟁이나 불필요한 문제를 겪을 가능성이 높습니다.

✂ 적정 권리금이란?

권리금에는 정해진 금액이 없습니다. 이는 상권이나 업종, 가게가 제공하는 자산의 가치 평가에 따라 매우 달라질 수 있기 때문입니다. 하지만 권리금을 지불하기 전에 "이 금액이 과연 적정한가?"를 판단하는 과정은 반드시 필요합니다. 과다한 권리금을 지불하면 초기 창업 비용 부담이 커질 뿐만 아니라 이후 운영에도 재정적으로 악영향을 미칠 수 있습니다.

✂ 권리금의 세 가지 유형 및 계산하는 방법

권리금은 크게 다음의 세 가지로 나뉩니다. 각각의 권리금을 이해하면 적정 권리금 여부를 판단하는 데 큰 도움이 됩니다. 권리금 계산은 신규임차인(즉, 신규 사업자)과 기존임차인(기존 점포 운영자) 간의 거래 과정에서 중요한 과정입니다. 이는 점포의 상권 가치, 시설 상태, 그리고 영업 이력 등에 따라 크게 달라질 수 있습니다. 특히 미용실과 같은 서비스업 매장은 상권의 입지와 고객 흐름에 따라 수익이 크게 좌우되므로 합리적인 권리금 책정이 필수적입니다.

1) 시설 권리금

　미용실에 설치되어 있는 인테리어 등의 시설물, 사용되던 집기·비품·재고 등의 유형 자산을 그대로 넘겨받아 사용할 때 지급되는 대가입니다. 전 임차인이 영업을 위해 점포를 세팅할 때 들어간 총비용을 감안해 시설물을 그대로 인수하는 대가로 지급하는 것입니다. 시설 등은 사용한 만큼 감가상각된다는 점을 고려해 협상해야 합니다. 시설 권리금의 경우 5년이 경과되면 잔존 금액은 없는 것으로 하며 해당 기간이 지나지 않은 경우 전 임대인과 적정한 권리금을 합의해야 합니다. 시설의 상태와 유지·보수 기록을 물어보고 AS 가능 여부, 어떤 회사 제품인지, 업체 전화번호 등 알아 두면 수리할 때 대응하기가 용이해집니다.

　시설권리금 계산은 점포 내부 시설 및 비품의 가치를 감가상각하여 계산한 금액입니다. 이는 기존 임차인이 점포 운영에 투자한 자산을 인수하는 금액에 해당하며, 다음 사항을 고려해야 합니다.

- ◆ 시설의 상태: 내부 인테리어, 미용 의자, 세탁기, 샴푸대 등 주요 설비와 비품의 상태가 권리금에 직접적인 영향을 미칩니다.
- ◆ 감가상각: 시설물들은 시간이 지날수록 가치가 떨어지므로, 설비의 투자비용을 기준으로 감가상각을 적용해 현실적인 가치를 산출하는 것이 중요합니다. 예를 들어, 5년 전에 1,000만 원을 투자한 미용 장비는 매년 평균적으로 약 10~20%씩 가치가 감소한다고 볼 수 있습니다. 이에 따라 현재 가치는 약 300~500만 원 정도로 평가될 수 있습니다.

◆ 시설 이용의 지속 가능성: 새로운 임차인이 기존 인테리어나 설비를 유지하려 하는지가 권리금을 결정하는 핵심입니다. 만약 새로운 임차인이 전면적인 시설 교체를 계획하고 있다면, 시설권리금은 이를 반영해 대폭 축소될 것입니다.

2) 영업 권리금

현재 미용실에서 영업하면서 축적된 영업노하우, 거래처 목록 등을 인수하면서 지급하는 대가를 말하는 것입니다. 객관적으로 측정하기 어려운 무형의 권리에 해당하며, 6개월에서 1년 정도 벌어들인 순수익을 지급하는 게 보편화되어 있으나 절대적인 것은 아닙니다. 영업권리금은 정해진 규칙이 있는건 아니지만, 보통 월 매출의 1년 치를 기준으로 협상을 하시면 됩니다.

영업권리금 계산은 기존 점포에서 확보한 단골 고객층과 수익성을 기준으로 계산하는 항목입니다. 이는 기존 임차인의 영업활동으로 창출된 사업적 가치를 반영하므로, 미래 수익을 어느 정도 보장받는 차원에서 책정됩니다.

◆ 순수익 계산: 권리금을 산정할 때는 평균적으로 1~2년간 순수익을 기준으로 책정하는 것이 일반적입니다. 예를 들어, 연간 순수익이 3,000만 원인 경우, 1.5년 치를 기준으로 하면 약 4,500만 원이 영업권리금으로 산출될 수 있습니다.

◆ 단골 고객 여부: 단골 고객의 비율이 높고 충성도가 높은 경우, 영업권

리금의 가치가 증가합니다. 단골 고객 데이터 관리가 되어 있지 않다면, 이는 새로운 임차인 입장에서 신뢰할 수 있는 근거가 부족하므로 감가가 될 수 있습니다.

◆ 평균 매출 및 비용 내역: 점포에서 제공된 연간 매출과 비용 내역 정보는 영업권리금 산정을 더욱 객관적으로 만듭니다.

* 팁: 새로운 임차인은 기존 매장의 월말 결산서, POS 시스템 기록, 세금 신고 자료 등을 근거로 실제 수익성을 검토할 것을 권장합니다.

3) 바닥 권리금(입지 권리금)

상권 위치의 특성, 경쟁력 등에 따라 책정되는 권리금입니다. 이를테면 유동 인구가 많은 번화가, 학원가, 주거 지역 중심지에 위치한 상가는 입지의 이점 때문에 바닥 권리금이 높아질 수 있습니다. 하지만 반대로 상권이 쇠퇴하고 있거나 주변에 경쟁업소가 많다면, 바닥 권리금이 지나치게 높지 않은지 반드시 점검해야 합니다. 바닥 권리금은 건물주가 받아 가려는 경우가 많습니다. 이런 곳은 꼭 필요한 곳이 아니라면 되도록 피하는 것도 좋습니다.

바닥권리금 계산은 점포의 위치와 입지 조건을 고려한 금액입니다. 주변 상권의 특성과 경쟁 상황, 유동 인구, 경제활동 규모 등을 반영하여 기존 점포의 위치적 가치를 평가합니다. 이는 다음과 같은 요소들을 중심으로 판단됩니다.

◆ 상권의 특성: 주요 소비자층(예: 직장인, 학부모, 학생 등)과 소비 패턴.

- 유동 인구: 유동 인구가 많을수록, 특히 타깃 고객층에 해당하는 유동 인구가 많을수록 바닥권리금이 높게 책정될 가능성이 있습니다.
- 경쟁 업체 분석: 주변에 미용실이 과포화 상태일 경우, 바닥권리금을 낮게 책정해야 할 수도 있습니다.
- 점포의 가시성: 길가나 코너에 위치한 점포는 가시성이 높아 고객 유입에 유리합니다.
- 교통 및 접근성: 대중교통과의 거리, 주차 가능 여부 등도 가격 산정에 큰 영향을 미칩니다.

* 사례: 서울 강남의 번화한 상권에 있는 미용실 점포의 경우, 동일 면적이라도 외곽 지역 상권의 점포에 비해 수십 배 더 높은 바닥권리금이 책정될 수 있습니다.

4) 그 외에 허가권리금

관청의 인허가를 받아야 할 수 있는 영업을 인수하는 경우에 지불하는 대가를 말한다. 예를 들면, 동일한 지역에서 더 이상 신규 영업 허가가 나지 않는 담배권, 복권 판매권, 목욕탕, 주유소, 세차장 등이 있습니다. 편의점의 경우 담배 판매 여부가 매출에 상당히 영향을 끼치기 때문에, 원칙적으로는 담배 전매권의 양도는 인정되지 않지만 관행상 인수인계를 하고 주고받습니다. 미용실은 이에 해당하지는 않습니다.

✂ 권리금 책정 시 추가 고려 사항

1) 임대차 계약 조건
　월세, 보증금의 크기 및 계약 갱신 가능성은 점포 가치에 영향을 미칩니다. 월세가 비쌀수록 권리금 산정 시 주의가 필요합니다.

* 팁: 임대차보호법에 따라 상가임대차 계약의 갱신 요건과 권리금 보호 조치를 반드시 숙지하세요.

2) 경쟁 및 수요 상황
　주변 미용실 수와 신규 잠재 고객 흐름을 조사하세요. 경쟁이 심할수록 또는 대규모 재개발로 인하 수요의 감소는 권리금 산정이 보수적일 수밖에 없습니다. 반대로 대규모 아파트 입주 시 권리금 산정에 플러스 요인이 될 수 있습니다. 권리금 책정 이후, 인근 동일 상권 내 유사 매장의 거래 사례를 비교해 현실성을 확인해야 합니다. 지나치게 높거나 낮게 책정된 권리금은 거래 실패의 원인이 될 수 있습니다.

✂ 권리금을 효과적으로 협상하는 방법

　권리금은 고정된 금액이 아니며, 협상에 따라 크게 달라질 수 있습니다. 다음은 권리금 협상에서 유리한 입장을 취하기 위해 사용할 수 있는 팁입니다.

- ◆ 구체적인 데이터 준비: 기존 매장의 매출 데이터, POS 기록, 비용 자료를 준비해 설득력 있는 자료를 제시합니다.
- ◆ 권리금 항목별로 분리 협상: 권리금을 하나의 통합 금액으로 보기보다, 바닥권리금, 영업권리금, 시설권리금을 각각 구분하여 협상하면 전략적으로 접근할 수 있습니다.
- ◆ 시세 조사: 주변 유사 매장의 권리금 수준을 사전에 파악해 상대적으로 합리적인 금액을 주장할 수 있습니다.

이처럼 권리금은 단순히 하나의 가격이 아니라 상권 가치, 영업성, 시설 상태 등 복합적인 요소를 고려해 신중히 산정해야 합니다. 미용실 창업을 처음 시도하는 이들에게는 이러한 계산 방식이 초기 창업 비용을 객관적으로 파악하고, 나아가 수익성을 판단하는 데 큰 도움이 될 것입니다.

07
성공적인 인테리어 전략

　미용실 인테리어는 단순한 공간 장식을 넘어, 고객에게 브랜드 이미지를 각인시키고 매출 증대에 직접적인 영향을 미치는 중요한 요소입니다. 성공적인 미용실 창업을 위해서는 단순히 예쁜 공간을 넘어, 고객의 편안함과 디자이너의 업무 효율성까지 고려한 전략적인 인테리어 설계가 필수적입니다. 본 장에서는 미용실 인테리어를 성공적으로 진행하기 위한 단계별 전략과 주의사항을 자세히 설명합니다.

✂ 나만의 스타일을 찾아라

　인테리어 설계에 앞서, 미용실의 콘셉트를 명확히 정의하는 것이 중요합니다. 단순히 '미용실'이 아닌, 어떤 스타일의 미용실을 운영할 것인가를 구체적으로 설정해야 합니다. 예를 들어, 모던&심플, 빈티지&레트로, 프리미엄&럭셔리, 내추럴&아늑함 등 다양한 콘셉트를 고려할 수 있습니다. 타깃 고객층, 주변 상권 분석, 개인적인 브랜드 이미지 등을 종합적으로 고려하여 차별화된 콘셉트를 설정해야 합니다. 이를 위해 다음과 같은 질문에 답해 보세요.

- ◆ 타깃 고객은 누구인가?(연령, 성별, 직업, 라이프스타일 등)
- ◆ 어떤 서비스를 메인으로 제공할 것인가?(커트, 펌, 염색, 헤어트리트먼트, 네일 등)
- ◆ 미용실의 분위기는 어떻게 조성할 것인가?(고급스러운, 편안한, 트렌디한 등)
- ◆ 경쟁업체와 어떻게 차별화할 것인가?(독특한 인테리어, 특화된 서비스, 가격 전략 등)

✂ 전문 인테리어 업체 선정

미용실 인테리어는 전문적인 지식과 경험이 필요한 분야입니다. 따라서 미용실 인테리어 전문 업체를 선정하는 것이 매우 중요합니다. 단순히 저렴한 가격만을 고려하기보다는, 다음과 같은 기준으로 업체를 꼼꼼히 비교 분석해야 합니다.

1) 경력 및 포트폴리오

미용실 인테리어 경험이 풍부한 업체인지, 다양한 스타일의 성공적인 사례를 보유하고 있는지 확인합니다. 실제 시공 사진과 고객 후기를 꼼꼼히 검토하는 것이 좋습니다.

2) 소통 및 협력

원활한 소통과 협력이 가능한 업체인지 확인합니다. 나의 의견을 적극적으로 반영하고, 설계 과정에서 지속적인 피드백을 제공하는 업체를 선택해야 합니다.

3) 견적 및 계약

최소 3개 이상의 업체로부터 견적을 받아 비교 분석합니다. 견적서에는 자재, 인건비, 기타 비용이 명확하게 기재되어 있어야 합니다. 계약 전 계약 내용을 꼼꼼히 검토하고, 계약서에 모든 내용을 명시해야 분쟁을 예방할 수 있습니다.

4) 자재 및 마감

사용되는 자재의 품질과 마감 수준을 확인합니다. 내구성이 뛰어나고, 관리가 용이한 자재를 선택하는 것이 중요합니다.

✂ 공간의 효율성과 미적 감각의 조화

콘셉트 확립과 업체 선정이 완료되면, 본격적인 디자인 및 설계 단계에 들어갑니다. 이 단계에서는 다음과 같은 요소들을 고려해야 합니다.

1) 레이아웃 설계

샴푸대, 세팅 의자, 스타일링 공간, 카운터, 대기 공간 등의 배치를 효율적으로 계획합니다. 동선을 고려하여 고객과 디자이너 모두 편리하게 이용할 수 있는 공간을 설계해야 합니다.

2) 조명 계획

미용 서비스의 질을 높이기 위해 충분한 조명을 확보해야 합니다. 또한, 분위기를 연출하는 조명 디자인도 중요합니다. 자연광을 최대한 활용하고, 인공조명은 색온도와 밝기를 고려하여 설계합니다.

3) 가구 및 집기

미용실 콘셉트에 맞는 가구와 집기를 선택합니다. 편안하고 기능적인 가구를 선택하는 것이 중요합니다. 고객 대기 공간에는 편안한 의자와 잡지, 음료 제공 시스템 등을 고려합니다.

4) 색상 및 마감재

미용실의 분위기를 결정짓는 중요한 요소입니다. 콘셉트에 맞는 색상과 마감재를 선택하고, 공간의 통일성을 유지합니다. 벽면, 바닥, 천장 등 각 부분의 마감재를 신중하게 선택해야 합니다.

5) 환기 및 공조 시스템

　미용실은 염색제, 펌제 등의 화학 물질을 사용하기 때문에 환기 시스템이 매우 중요합니다. 충분한 환기와 공조 시스템을 설계하여 쾌적한 공간을 유지해야 합니다.

✽ 시공 및 관리

　설계가 완료되면, 본격적인 시공 단계에 들어갑니다. 시공 과정에서 계약 내용을 꼼꼼하게 확인하고, 문제 발생 시 신속하게 대응해야 합니다. 시공이 완료된 후에는 정기적인 관리를 통해 인테리어의 수명을 연장하고, 항상 깨끗하고 쾌적한 공간을 유지해야 합니다.

✽ 샘플 사진 및 자료 준비

　인테리어 업체와의 원활한 소통을 위해 원하는 스타일, 분위기, 색상 등을 보여 줄 수 있는 다양한 샘플 사진과 자료를 준비하는 것이 좋습니다. Pinterest, Instagram 등의 플랫폼을 활용하여 마음에 드는 미용실 인테리어 사진을 수집하고, 업체와 공유하여 구체적인 디자인을 논의할 수 있습니다.

✂ 예산 계획

인테리어 비용은 미용실 창업에 있어 중요한 부분입니다. 초기 예산을 설정하고, 각 항목별 비용을 분배하여 예산 초과를 방지해야 합니다. 예상치 못한 추가 비용 발생에 대비하여 일정 부분의 예비비를 확보하는 것이 좋습니다.

이러한 단계들을 통해 체계적으로 미용실 인테리어를 진행한다면, 고객을 사로잡는 매력적인 공간을 창출하고, 성공적인 미용실 창업의 기반을 마련할 수 있을 것입니다. 단순히 예쁜 공간을 넘어, 고객과 디자이너 모두에게 편안하고 효율적인 공간을 디자인하는 데 집중하세요.

7-1. 미용실 인테리어 업체 선정

미용실 창업을 준비하면서 가장 심혈을 기울여야 하는 부분 중 하나는 인테리어 공사입니다. 미용실의 첫인상을 결정짓는 가장 중요한 요소이며, 향후 고객의 재방문율에도 큰 영향을 미치기 때문입니다. 하지만 잘못된 인테리어 업체에 의뢰를 하면 시간이 지연되고 예산이 초과될 뿐 아니라 부실한 공사로 인해 큰 피해를 입을 수도 있습니다. 따라서 사기를 방지하고 안전하고 만족스러운 공사를 진행하기 위해 다음과 같은 사항들을 반드시 유념해야 합니다.

✂ 실제 업체 존재 여부 확인

첫 번째 단계는 실제로 업체가 존재하는지 여부를 확인하는 것입니다. 인터넷에서 찾아본 업체가 정말 실제로 존재하는지 반드시 확인해야 합니다. 의외로 인터넷상에는 사무실조차 존재하지 않는 유령 업체들이 많습니다. 이들은 대체로 사업자 등록증이 있지만 실질적인 물리적 사무실이 없거나, 사업자 주소지가 개인 주택으로 되어 있는 경우가 많습니다.

실제 사례로, 고객과 계약을 체결하고 선금을 받은 후 공사 중간에 잠적하거나, 잔금을 요구하며 부실 공사로 마무리짓는 경우가 빈번히 발생합니다. 업체 대표번호 외에 사무실 위치와 운영 상태를 확인하세요. 집 주소로 등록된 사업자는 피하는 것이 안전합니다. 구글 지도나 네이버 지도를 통해 실제 사무실이 존재하는지 검색해 보세요.

✂ 여러 업체와 비교 견적은 필수

하나의 업체 견적만 보고 계약을 체결하는 것은 위험합니다. 반드시 3곳 이상의 업체와 접촉하여 견적과 제안서를 비교하세요. 업체들의 제안 사항을 비교하면 각 업체의 견적서가 어떻게 구성되는지 알 수 있을 뿐만 아니라, 만약 과도한 금액을 청구하거나 비정상적으로 저렴한 가격을 제시하는 업체를 걸러 낼 수 있습니다. 극단적으로 저렴한 견적을 제시하는 업체는 대부분 자재를 속이거나 공사를 대충 마무리하는 경우가 많으니 주의가 필요합니다.

- ▶ 반드시 확인해야 할 사항
- ◆ 적정 가격 범위 확인: 모든 공사는 '평당 단가'가 대략 정해져 있습니다. 본인이 설계한 공사의 크기와 난이도를 바탕으로 적정 가격을 미리 알아보세요.
- ◆ 자세한 공사 목록 요구: 견적서는 세부 내역이 구체적이어야 합니다. 특별히 도급 비용이나 품목별 자재의 종류가 명시되어 있는지 확인하세요.
- ◆ 공사 예상 기간 확인: 미용실 인테리어는 난도가 꽤 있는 공사입니다. 정확한 일정을 통해 시공이 이루어지고 오픈 예측이 가능해야 합니다.

✂ 업체의 과거 작업 내역 확인하기

믿을 수 있는 업체인지 검증하기 위한 가장 좋은 방법은 해당 업체의 과거 작업 내역을 조사하는 것입니다. 대부분 인스타그램이나 홈페이지를 통해 확인할 수 있으며 현장 방문도 고려해 보세요.

▶ 업체 검증 방법
- 포트폴리오 요청: 과거 작업한 프로젝트의 사진과 영상을 요청하세요. 가능하면 본인의 미용실과 유사한 콘셉트나 규모의 공사 사례를 중심으로 살펴보세요.
- 완공된 매장 직접 방문: 가능하다면, 포트폴리오에 올라온 완공 매장을 직접 방문하거나 해당 매장의 사장님과 연결해 의견을 들어 보세요.
- 고객 후기 확인: 업체에 대한 평가는 홈페이지 또는 SNS를 검색하세요. 구체적인 리뷰가 많을수록 신뢰도가 더 높습니다.

✂ 공사 계약서 작성의 중요성

계약서를 철저히 확인하고 작성하는 것은 사기를 방지하는 핵심입니다. 지인이나 소규모 업체일수록 구두 계약을 권유하는 경우가 많지만, 반드시 서면 계약서를 작성해야 합니다. 특히 중요한 조항들을 명확히 기재하여 불필요한 분쟁을 방지하세요.

▶ 계약서에 꼭 포함해야 할 항목들

◆ 공사 시작일 및 종료일: 명확한 시작일과 종료일을 기록하세요. 지연될 경우 책임은 누구에게 있는지도 명시해야 합니다.

◆ 세부 공사 항목: 어떤 작업이 포함되어 있는지, 작업이 빠질 경우 추가 비용은 어떻게 처리되는지도 확인하세요.

◆ 사용 자재의 구체적인 명칭 및 브랜드: 자재의 종류와 품질 차이가 공사 비용에 큰 영향을 미칩니다. 구체적으로 기재되지 않으면 저가의 자재를 사용할 가능성이 높습니다.

◆ 결제 방식 및 일정: 선금, 중도금, 잔금 각 단계의 지급 시점을 명확히 기록하세요.

◆ 하자 보수 조건: 공사가 끝난 후에도 하자 보수와 관련된 조건을 넣어야 합니다. 이렇게 하면 공사 후 불량 시 책임을 소홀히 하는 문제를 예방할 수 있습니다.

✂ 저렴한 가격에 현혹되지 마라

공사에서 가장 저렴한 견적만 고르면 나중에 더 비싸고 큰 문제가 생길 가능성이 높습니다. 미용실은 단순한 인테리어가 아닌, 고객의 좋은 경험을 남기는 공간이며 업무 효율성과도 밀접하게 연관된 공간입니다. 따라서 너무 저렴한 업체를 선호하다 보면 고객에게 불편을 줄 수 있는 부족한 설계나 결함이 생길 수 있으니 미용실 전문 인테리어 업체와 계약하는 것을 권유드립니다.

✂ 감독과 소통이 중요

 공사가 진행되는 동안 현장을 정기적으로 방문하여 작업 상황을 확인하거나, 전문가를 고용해 공사가 제대로 이루어지고 있는지 감독하는 것도 좋은 방법입니다. 공사 과정에서의 커뮤니케이션을 원활히 진행하면 갑작스러운 문제 발생 시 신속하게 대응할 수 있습니다. 하루 혹은 이틀 간격으로 현장을 방문합니다. 작업 시간과 작업 상태를 체크합니다. 작업 개요와 다르게 진행된 부분이 있다면 즉시 수정 요청을 합니다.

✂ 마무리 단계: 준공 검사

 공사가 완료되었다고 해서 바로 잔금을 지급해서는 안 됩니다. 최종 단계로 전체 공사를 꼼꼼히 검사하세요. 제대로 시공되지 않거나 부실하게 마무리된 부분을 사전에 발견하여 수정 요청을 하세요. 공사 완료 후, 이런 점검 단계를 거쳐야 하자나 추가 비용 발생을 방지할 수 있습니다.

 미용실 창업은 비용도 많이 들고 신경 쓸 일도 많습니다. 하지만 준비 과정에서 꼼꼼히 체크하고 사전에 문제를 방지한다면 실패를 줄이고 성공 확률을 높일 수 있습니다. 믿을 수 있는 업자와 협력하고 철저히 관리한다면, 성공적인 미용실 운영을 위한 최고의 기반을 다질 수 있습니다!

7-2. 인테리어 계약서 작성

인테리어 계약서를 소홀히 하면 예상치 못한 분쟁이나 손실을 겪을 수 있습니다. 다음은 인테리어 계약서를 작성할 때 반드시 확인해야 할 핵심 항목들입니다. 이 내용만 철저히 점검해도 큰 문제를 방지할 수 있습니다.

✂ 미용실 인테리어 계약서 작성 시 확인 사항

1) 소유권 관련 조항 확인

인테리어가 완료된 후, 설계도, 디자인에 대한 소유권 문제가 종종 발생하기도 합니다. 이를 방지하려면 계약서에 다음과 같은 내용을 명확히 포함해야 합니다.

- ◆ 완공 후 소유권 이전 조항: 공사가 완료되면 모든 설계 도면 및 시공 결과물의 소유권은 의뢰자인 사업주(본인)에게 전달되는 것으로 명시되어야 합니다.
- ◆ 작업 중 계약 종료 시 조항: 계약 해지나 중단 시 인테리어 업체가 진행 중인 작업물이나 자료에 대한 소유권을 주장할 수 없도록 하세요. 이를 위해, 계약서에 계약 종료 시 소유에 대해 사전에 합의된 조건을 추가해야 합니다.

이 조항을 소홀히 하면, 향후 공사 진행은 물론 다른 업체와 협업하는 데도 문제가 생길 수 있으니 반드시 확인해야 합니다.

2) 공사 기간 명시 여부 확인

  인테리어 공사가 얼마나 걸릴지 명확히 예측할 수 없다면, 이후 사업 계획이 연쇄적으로 차질을 빚게 됩니다. 공사 기간은 반드시 계약서에 다음 요건을 충족해 명시하세요.

- ◆ 공사 기간 명시 및 준수: 공사 시작일과 완료일을 명확히 명시하고, 천재지변 등 불가항력적인 사유를 제외한 공사 지연에 대한 책임 소재를 명확히 합니다.
- ◆ 지체상금 관련: 공사 지연 시 발생하는 지체상금 비율 및 산정 방식을 명시합니다. (예: "공사 기간을 준수하지 못할 경우, 매 지체일당 계약금액의 ○○%에 해당하는 지체상금을 발주자에게 지급한다. 단, 천재지변 등 불가항력적인 사유로 인한 공사 지연은 예외로 한다.") 업체 측 잘못으로 공사가 늦어질 경우 하루당 위약금을 책정하거나, 운영에 큰 손해가 발생할 수 있음을 명시해야 합니다. 이를 통해 불필요한 갈등을 방지할 수 있습니다.

3) 위약금 및 손해 배상 조항

- ◆ 발주자의 사유로 계약이 중도 해지될 경우, 시공사는 공사 진척도를 기준으로 환불 금액을 산정합니다. 다만, 계약금은 환급되지 않습니다.
- ◆ 시공사의 귀책으로 계약 해지가 발생할 경우, 발주자는 공사 미완료로 인해 발생한 피해를 배상 청구할 수 있으며, 이미 지불한 금액 전액을 환불받을 권리가 있습니다. 업체가 불가피한 사정으로 시공을 완료하지 못하거나, 계약 조건을 어길 경우 발생할 손실의 보상 기준을 명시해야

합니다.

- ◆ 중도 해지 시 공사 진행 상황에 따라 현장 정리 및 추가 비용이 발생할 경우, 이를 명확히 산정하여 협의합니다. 만약 인테리어 업체가 지정된 일자까지 시공을 마치지 못했을 때 그에 대한 배상을 하루 단위로 설정하거나, 손해 금액에 대한 계산 근거를 구체적으로 계약서에 포함시킵니다.

4) 견적서와 설계 도면의 디테일 확인

계약 전에 디자인 요소가 충분히 협의되지 않으면 완공 후 의뢰인이 원하는 수준의 결과물을 얻지 못할 가능성이 큽니다. 계약서상에는 다음 사항이 포함되어야 합니다.

- ◆ 도면 및 시방서 명시: 계약서에 첨부된 도면과 시방서를 기준으로 공사 범위를 명확히 기재합니다. 구두 합의는 추후 분쟁의 소지가 있으므로 반드시 서면으로 남겨야 합니다. (예: "본 계약의 공사 범위는 첨부된 도면(도면번호: A-1, A-2, A-3) 및 시방서(문서번호: S-1)에 명시된 내용과 같다.") 이런 조치들은 나중에 생길 수 있는 견적 초과 분쟁이나 디자인 변경 논란을 예방합니다.

5) 하자이행보증보험 가입 필수

인테리어 공사는 완료된 후에도 크고 작은 하자가 발생할 수 있습니다. 이런 상황에 대비하기 위한 대책이 바로 하자이행보증보험입니다. 이는 공사 완료 후 발생할 수 있는 하자에 대해 보증받을 수 있도록 하는 장치입니다. 이 보험에 관한 조건을 계약서에 포함하세요.

- 하자 보수 기간 및 범위: 하자 보수 기간 및 범위, 하자 발생 시 처리 절차 등을 명시합니다. (예: "하자 보수 기간은 공사 완료일로부터 1년으로 하며, 하자 발생 시 7일 이내에 보수를 완료한다.")
- 하자 보수 불이행 시 조치: 시공사가 하자 보수를 이행하지 않을 경우에 대한 조치를 명시합니다. (예: "시공사가 하자 보수 의무를 이행하지 않을 경우, 발주자는 제3의 업체를 통해 하자 보수를 진행하고, 발생 비용은 시공사에게 청구할 수 있다.")
- 하자이행보증보험 가입 여부: 계약 단계에서 반드시 인테리어 업체에 보험 가입 여부를 확인하십시오. 이 보증은 미용실 완공 후 발생한 손해를 빠르게 배상받아 운영 중단을 방지할 수 있는 효과적인 방안입니다.

6) 추가적으로 확인하면 좋은 계약서 주요 항목

- 자재 품목 및 규격 명시: 사용될 자재의 품목, 규격, 제조사 등을 명확히 기재하고, 견본 제출 및 승인 절차를 포함합니다. (예: "바닥 마감재는 ○○회사의 ○○제품(규격: ○○)을 사용하며, 시공 전 발주자에게 견본을 제출하여 승인을 받는다.")
- 친환경 자재 사용 시: 친환경 자재 사용에 대한 합의 내용을 명시하고, 관련 인증서 제출 여부를 명시합니다. (예: "시공에 사용되는 모든 자재는 친환경 자재 인증을 받은 제품을 사용하며, 계약 후 7일 이내에 관련 인증서 사본을 발주자에게 제출한다.")
- 잔금 지급 조건: 공사가 100% 완료되기 전에 잔금을 먼저 지급하는 경우, 의뢰인이 불리해질 수 있습니다. 잔금은 공사의 마무리 상태를

검수한 후 지급하는 조건으로 설정하는 것이 안전합니다.
◆ 하도급 여부 확인: 계약 업체가 실제 공사를 직접 진행하는지, 아니면 하청업체를 활용하는지를 명확히 파악하고 이를 계약서에 포함하세요.
◆ 추가·변경 공사에 대한 절차: 공사 진행 중 발생할 수 있는 추가·변경 공사에 대한 발생 사유, 승인 절차, 비용 정산 방식 등을 명시합니다.
(예: "공사 진행 중 발주자의 요청에 의한 설계 변경 또는 추가 공사 발생 시, 변경·추가 공사에 대한 별도의 견적서를 발주자에게 제출하고, 발주자의 서면 승인 후 진행한다. 추가 공사 비용은 실비 정산을 원칙으로 한다.")

이 모든 사항을 꼼꼼히 챙기면, 인테리어 계약과 관련한 불필요한 갈등을 사전에 방지할 수 있습니다. 미용실은 고객들에게 단지 머리를 꾸미는 공간이 아니라, 하나의 경험을 선사하는 장소입니다. 따라서 처음부터 안전하고 철저한 계약을 바탕으로 공사를 진행하는 것이 소중한 성공의 디딤돌이 될 것입니다.

7-3. 인테리어 견적 상담 가이드

 인테리어를 처음 상담할 때는 단순히 "평당 단가가 얼마인가요?" 하고 묻는 것만으로는 제대로 된 견적을 받을 수 없습니다. 평당 단가는 공사 면적 외에도 사용되는 자재, 디자인 콘셉트, 스펙 등 다양한 요소에 따라 크게 달라지기 때문입니다. 따라서 다음의 사항들을 염두에 두고 구체적으로 접근해야 합니다.

✂ 구체적이고 명확한 의사 전달

 공사를 원하는 공간의 크기, 구체적인 디자인 콘셉트, 필요한 자재와 마감재의 종류 등을 상세하게 미리 정리해 전달하세요. 모호한 질문은 더 큰 혼란을 초래하며, 잘못된 견적이 나올 가능성이 높습니다.
 인터넷에서 찾은 사진이나 참고 자료를 그대로 "이렇게 똑같이 만들어 주세요."라고 요구하는 것은 현장 상황에 맞지 않거나, 불필요한 오해를 유발할 수 있습니다. 사진은 영감을 전달하는 용도로 활용하고, 해당 이미지의 어떤 점을 좋아하는지 구체적으로 설명하는 것이 더 효과적입니다.
 기본적인 인테리어 용어나 절차에 대해 알고 있는 것은 좋지만, 얕은 지식으로 전문가에게 아는 척을 하거나 태도를 가볍게 보이는 것은 오히려 상대방이 당신을 만만하게 보게 만들 수 있습니다. 필요한 질문은 겸손하면서도 단호하게, 핵심을 짚어 가며 진행하세요.

소통이 잘되는 업체를 선택은 필수입니다. 업체의 첫인상은 매우 중요합니다. 전화나 메시지 응대가 신속하고 명확하며 소통이 잘되는 업체인지 초반부터 꼼꼼히 따져 보세요. 상담 과정에서부터 불친절하거나 답변이 느린 업체는 실제 공사 과정에서도 문제가 될 가능성이 높습니다.

미리 정한 예산을 숨기지 말고 솔직하게 업체와 공유하세요. 예산 범위를 알면 해당 업체는 실현 가능한 옵션을 기준으로 설계를 준비할 수 있습니다. 단, 예산 범위가 협소하면 품질이 낮은 견적을 제시할 가능성도 높아지니 현실적인 금액대를 정하는 것도 중요합니다.

가능하다면 여러 업체의 견적 비교하는 게 좋습니다. 한 업체의 견적에 국한되지 말고 최소 2~3곳의 견적을 비교하세요. 다만 지나치게 저렴한 견적은 품질이 낮거나 추가 비용이 나중에 발생할 가능성이 높으니 주의하세요.

✂ 인테리어 비용 입금 시기

인테리어 공사 비용 관련 분쟁은 대부분 '지급 시기'에서 발생합니다. 공사가 일정에 맞춰 정상적으로 진행되지 않았는데도 돈을 요구하거나, 반대로 지급을 제대로 안 해 준 경우 공사 중지 등 더 큰 문제가 발생할 수 있습니다. 이를 방지하기 위해 아래의 사항을 꼼꼼히 체크하세요.

1) 지급은 공사 진행 상황에 따라 분할

공사 비용은 착수금, 중도금, 잔금으로 나누어 지급하는 것이 일반적입니다. 하지만 중요한 것은 공사 단계와 완료 여부를 기준으로 돈을 지급한다는 점입니다. 단순히 날짜에 따라 지급하는 구조는 피해를 볼 가능성을 높입니다.

- 착수금: 계약 체결 시 지급 (공사 전 준비비용)
- 중도금: 공사가 50% 완료된 시점에서 지급 (예: 바닥 시공 완료 등 특정 단계)
- 잔금: 최종 검수가 완료된 후 지급

이런 방식으로 계약서를 작성하면 공사 진행과 돈 지급의 기준이 명확해져 문제를 예방할 수 있습니다.

2) 비용 지급 기준과 일정 명시

단순히 날짜만 나열하는 것이 아니라, "○○일까지 바닥 공사 완료 후 중도금 지급"처럼 단계별 진행 상황과 결제 시점을 명확히 계약서에 적어야 합니다. 또한 지급 시 계약서에 있는 내용을 다시 재확인하고 기록으로 남겨야 합니다.

공사 진행 중 예상치 못한 상황이 발생할 수 있으며, 그럴 경우 계약 해지가 불가피할 수도 있습니다. 이를 대비해 계약서에 계약 해지 사유를 명확히 포함하세요. "공사 일정이 2주 이상 지연될 경우, 서면 통보

후 해지 가능" "자재 변동이 발생했을 경우 상호 합의 후 진행" 등의 조건들이 없으면 분쟁 발생 시 책임 소재를 명확히 하기가 어렵습니다.

공사비를 주지 않을 경우, 법적으로 시공업체가 공사 자재나 장비의 소유권을 주장할 수 있습니다. 이러한 사안으로 피곤한 법적 다툼에 휘말리지 않으려면 지급내역에 철저해야 합니다. 또한, 계약서는 돈 지급과 관련해 어떤 경우에도 분쟁을 최소화할 수 있도록 구체적인 조항을 포함해야 합니다. 가능하면 공사 대금은 계좌 이체 등 기록으로 남는 방식으로 지급하세요. 현금 지급은 문제가 발생할 경우 증빙하기 어렵습니다.

✂ 전문가 조언 활용하기

계약서를 작성할 때 공사 관련 전문가의 도움을 받아 보는 것이 좋습니다. 초기 비용이 들어가더라도 추후의 분쟁을 방지하는 데 크게 도움이 됩니다. 또한, 공사 진행 시 정기적으로 사진 기록을 남기고, 공사 상황을 한눈에 볼 수 있는 체크리스트를 만드는 것도 추천드립니다. 이러한 점들을 고려하면, 인테리어 공사와 비용 문제로 인한 스트레스를 줄이고 공정을 더욱 안전하게 마무리할 수 있을 것입니다. 철저한 준비와 꼼꼼한 소통이 성공의 핵심입니다!

08

미용실 창업의 현실
제대로 알아야 성공이 보인다

　미용실 창업은 우리나라에서 가장 흔한 창업 업종 중 하나입니다. KOSIS 통계 2023년 기준 113,154개의 미용실이 운영 중이며, 최근 10년 동안 미용실 수는 약 28% 증가했습니다. 이는 매년 수천 곳의 미용실이 새롭게 문을 연다는 것을 의미합니다. 그렇다면, 이렇게 많은 사람들이 미용실 창업에 뛰어드는 이유는 무엇일까요?

✂ 미용실 창업의 매력, 왜 이렇게 많을까?

　미용실 창업이 활발한 이유는 여러 가지입니다. 먼저, 진입 장벽이 낮다는 점을 들 수 있습니다. 미용사 자격증을 취득하는 데 시간이 오래 걸리지 않고(약 6개월~1년 내외), 창업 비용 역시 카페나 레스토랑 같은 외식업에 비해 상대적으로 낮습니다. 특히 미용실은 다른 서비스 업종과 달리 기술 기반의 생계형 창업으로, 자신의 노력과 기술만으로 매출을 올릴 수 있다는 점에서 매력적으로 여겨집니다.

또한, 고객은 주기적으로 머리를 해야 하기 때문에 일정한 수요가 보장됩니다. 이러한 이유로 안정적인 소득을 목표로 하는 사람들이 미용실 창업을 선택하는 경우가 많습니다.

✂ 현실의 벽, 포화 상태와 치열한 경쟁

하지만 미용실 창업의 현실은 이상과는 조금 다릅니다. 미용실이 늘어나는 만큼 경쟁은 심화되고 있으며, 이를 수치로 확인할 수 있습니다. 한국의 미용실 수는 인구 1만 명당 약 21.3개로[13], 이는 미국(1만 명당 2개)과 비교했을 때 약 10배 이상 많은 수준입니다. 다시 말해, 우리나라의 미용실은 공급 과잉 상태로, 업계의 경쟁이 치열하다는 것을 단적으로 보여 줍니다.

가장 많은 미용실이 위치한 지역은 경기도로 약 2만 4천 개가 운영 중이며, 서울에는 약 1만 9천 개의 미용실이 있습니다. 반면 세종시(약 450개)나 제주도(약 1,400개)처럼 미용실 숫자가 적은 지역도 있습니다. 인구 대비 미용실 숫자를 비교했을 때, 대구와 광주가 1만 명당 미용실 수가 가장 많아 지역 간 경쟁의 편차가 크다는 점도 주목할 만합니다.

---

13) KB금융지주 경영연구소 '미용실 현황 및 시장여건 분석' 보고서, 2020년

이처럼 포화된 시장에서는 단순히 미용실을 오픈하는 것만으로는 성공하기 어렵습니다. 수많은 미용실 창업자들이 경쟁에 휘말려 영업난을 겪고, 결국 문을 닫는 사례가 흔합니다. 오죽하면 '미용실 창업은 망하는 지름길'이라는 말까지 돌고 있을 정도입니다.

✂ 그럼에도 불구하고 누군가는 성공한다

이렇게 어려운 시장에서도 분명히 성공하는 미용실 창업자는 존재합니다. 그들은 무엇을 다르게 했을까요? 성공적인 미용실 창업자들은 단순히 열정과 기술력에만 의존하지 않습니다. 그들은 사업을 '서비스업'이자 '경영'으로 접근합니다. 다음과 같은 몇 가지 공통점을 확인할 수 있습니다.

1) 고객 중심의 차별화된 전략

단순히 '머리를 자르는 곳'을 넘어, 고객이 머무는 시간 동안 특별한 가치를 제공합니다. 예를 들어, 고급스러운 인테리어로 편안한 분위기를 조성하거나, 특정 고객층(어린이, 20~30대 여성, 남성 전문)만을 타깃으로 하는 맞춤형 서비스를 제공합니다.

2) 지역 상권에 대한 철저한 분석

경쟁 미용실과의 거리, 지역 주민의 연령대 및 소득 수준, 유동인구의 성향을 철저히 분석하여 성공 가능성이 높은 입지를 선택합니다.

특히 미용실 숫자가 상대적으로 적거나 특정 연령층의 고객이 많은 지역에서 성공 가능성이 높아집니다.

3) 효율적인 기술과 마케팅 활용

최근에는 기술력을 넘어 SNS 마케팅이나 온라인 예약 시스템을 도입해 고객과의 접근성을 높이고, 장기 고객을 확보하는 사례가 늘고 있습니다. 더불어 할인 행사나 멤버십 제도를 통해 고객 충성도를 강화하는 것도 성공 요인 중 하나입니다.

✂ 미용실 창업, 시작 전 제대로 준비하라

결론적으로, 미용실 창업은 누구나 시작할 수 있지만 모두가 성공할 수 있는 분야는 아닙니다. 열정과 기술력만으로는 성공을 보장할 수 없다는 점을 인지해야 합니다. 창업 전에는 반드시 철저히 시장을 조사하고, 자신만의 차별화된 전략을 세우는 것이 필수입니다. 또한, 현실적인 경쟁 상황을 이해하고 지속적인 자기 개발과 새로운 기술, 서비스 도입에 열려 있어야 합니다.

여러분은 왜 미용실 창업을 하고 싶으신가요?
미용실 창업은 여전히 성공의 가능성이 열려 있는 매력적인 선택지입니다.
미용실 창업을 준비하며 꼭 알아야 할 실질적인 준비 과정, 필요한 절차와 비용, 그리고 성공 사례들을 공부하면서, 미용시장에 대한 현실을 제대로 이해하는 것에서부터 성공의 첫걸음이 시작됩니다.

8-1. 소형 미용실 첫 창업의 현실

소형 미용실 창업의 네 가지 주요 어려움은 소자본, 경험 부족, 마케팅 역량 부족, 대형 미용실과의 경쟁 등입니다. 이는 예비 창업자들이 반드시 고려해야 할 사항입니다.

✂ 1억 원 미만의 소자본 창업

1억 원 미만의 자본으로 미용실을 창업하는 것은 녹록지 않습니다. 인테리어, 고가의 미용 장비 구매, 임대료, 초기 운영 자금, 인건비까지 고려하면 1억 원은 금세 소진될 수 있습니다. 실제 한국미용사회중앙회 자료에 따르면, 평균 창업 비용은 지역 및 규모에 따라 1억 원을 상회하는 경우가 많습니다. 따라서 철저한 예산 계획과 자금 조달 전략이 필수적입니다. 리스나 렌털을 활용한 장비 도입, 중고 장비 구매, 효율적인 공간 설계를 통한 인테리어 비용 절감 등 다양한 방법을 고려해야 합니다. 정부 지원 정책이나 소상공인 지원 프로그램을 활용하는 것도 좋은 방법입니다. 초기 자본금 규모에 따라 창업 규모를 조정하는 유연성도 필요합니다. 소규모로 시작하여 점차 확장하는 전략도 고려해 볼 만합니다.

하지만 현실은 뛰어난 미용 실력만으로는 성공적인 미용실 운영을 보장할 수 없습니다. 고객 응대, 예약 관리, 재고 관리, 노무 관리, 세무

관리, 매출 분석 등 경영 전반에 대한 지식과 경험이 부족하면 어려움을 겪을 수 있습니다. 미용 경력이 부족하다면, 창업 전 다른 미용실에서 다양한 경험을 쌓는 것이 중요합니다. 또한, 경영, 마케팅, 회계 관련 교육을 통해 경영 감각을 키우는 것도 큰 도움이 됩니다. 소상공인시장진흥공단 등에서 제공하는 창업 교육 프로그램을 적극 활용하는 것을 추천합니다. 멘토링 프로그램을 통해 경험이 풍부한 선배 창업자의 조언을 구하는 것도 좋은 방법입니다.

SNS, 블로그, 지역 광고 등 다양한 마케팅 수단을 효과적으로 활용해야 고객을 확보하고 경쟁력을 높일 수 있습니다. 인스타그램, 페이스북 등 SNS 채널을 활용하여 미용실의 분위기, 스타일, 시술 과정 등을 시각적으로 보여 주는 것이 중요합니다. 네이버 블로그나 카페를 운영하여 전문적인 정보를 제공하고 고객과 소통하는 것도 효과적입니다. 지역 특성에 맞는 오프라인 홍보 전략도 필요합니다. 전단지 배포, 지역 행사 참여, 제휴 마케팅 등을 통해 지역 주민들에게 미용실을 알릴 수 있습니다. 온라인 예약 시스템을 도입하여 고객 편의성을 높이는 것도 중요합니다. 초기에는 전문 마케팅 대행사를 활용하는 것보다 직접 운영하며 노하우를 쌓는 것이 장기적으로 유리할 수 있습니다.

대형 미용실과의 경쟁은 피할 수 없는 현실입니다. 가격 경쟁보다는 차별화된 서비스와 전문성으로 경쟁력을 확보해야 합니다. 특정 분야의 전문성을 강화하거나, 특별 고객층을 타기팅하는 니치 마케팅 전략을 고려해 볼 수 있습니다. 고객에게 개인 맞춤형 서비스, 특별한 경험을 제공하는 것도 중요합니다. 예를 들어, 두피 관리, 탈모 관리 등 특화된 서비스를 제공하거나, 특정 연령층이나 스타일을 선호하는 고객을 위한 맞춤형 서비스를 개발할 수 있습니다. 대형 미용실이 제공하기 어려운 편안하고 친근한 분위기, 세심한 고객 관리 등으로 차별화를 꾀할 수 있습니다.

✂ 소형 미용실 창업 전략

1) 아파트 주거 상권을 공략하라

첫 창업에서 가장 중요한 목표는 실패 리스크를 줄이고 안정적인 기반을 만드는 것입니다. 경험이나 자본이 풍부하지 않은 상태라면, 유동 인구가 많으면서도 대형 미용실이 밀집하지 않은 아파트 단지 상권이 좋은 선택지가 될 수 있습니다.

2) 대형 미용실과의 경쟁 회피

대형 미용실은 주로 상업 지구나 도심 번화가에 위치해 있어, 임차료나 인건비 등이 높게 책정됩니다. 반면, 아파트 단지 상권은 거주민 중심이므로 큰 규모의 미용실이 진입하기에 상대적으로 매력이 덜할 수 있습니다.

지역 주민을 주요 타깃으로, 소규모 미용실만의 섬세한 서비스를 강조하면 훨씬 수월하게 경쟁 우위를 확보할 수 있습니다.

3) 안정적인 단골 확보

아파트 단지의 장점은 일정 규모 이상의 고정 거주 인구가 존재한다는 점입니다. 따라서 고객 충성도가 높아질 가능성이 큽니다. 같은 동네 이웃끼리 소개가 오가기도 쉽기 때문에 고객 소개 효과가 빠르게 나타날 수 있습니다. 단골 고객 확보가 이뤄지면 월별·분기별 매출 예측이 용이하고, 이를 토대로 서비스와 마케팅 전략을 안정적으로 개선·구축할 수 있습니다.

4) 경험과 자금 축적 기회

첫 창업의 진짜 목적은 매출 극대화보다는 '안정적인 생존'과 '경험 축적'입니다. 미용실 운영 전반(인테리어, 직원 관리, 재료 수급, 고객 응대 등)에 대한 실무 노하우를 익힐 수 있으며, 꾸준한 수익이 확보되면 그 자금을 통해 확장 전략(규모 확대, 2호점 개설, 프랜차이즈 가맹 등)을 구체화할 수 있습니다.

5) 유효수요가 곧 상권의 힘이다

사람이 몰리는 곳이 곧 돈이 되는 곳이라는 말처럼, 상권의 성공 여부는 유효수요(실질적으로 구매할 의사와 능력이 있는 고객 수)에 달려 있습니다. 얼마나 많은 고객이 꾸준히 해당 매장을 이용할 것인가를 면밀히 계산해야 합니다.

6) 아파트 단지 유효수요 분석

통상 500세대 이상의 아파트 단지가 포함된 상권은 검토 가치가 충분하다고 봅니다. 한 가구가 한 달에 1~2회 미용실을 이용한다고 가정할 때, 500세대면 적정 매출을 기대할 수 있습니다.

단지 규모가 커질수록 유효수요가 늘어나지만, 그만큼 경쟁 미용실 또한 영향을 미칠 수 있으므로 시장 경쟁 상황도 반드시 함께 분석해야 합니다.

7) 500세대 이상의 아파트 단지를 기준으로 한 예측

가구당 평균 2.5명이 거주한다고 가정하면, 약 1,250명의 잠재 고객이 존재합니다. 이 중 10~15%가 안정적으로 '월 단골 고객'이 될 경우, 운영 초기 수익 예상치가 나옵니다.

다만, 지역 특성에 따라 가구당 거주 인원, 연령 분포, 소득 수준 등에 차이가 있으므로 공식 통계 자료와 현장 조사를 병행해서 유효수요를 현실적으로 파악해야 합니다.

✂ 상권 결정 후, 입지는 어떻게 선정할까?

상권을 익히 분석했다면, 다음 단계는 미용실의 구체적 위치를 선정하는 일입니다. 상권이 반경 1~2㎞ 단위의 큰 범위라면, 그 안에서 가장 최적의 지점을 찾아야 합니다.

1) 아파트 단지와의 거리

고객들은 일반적으로 도보 5~10분 거리를 선호합니다. 특히, 승용차를 보유하지 않은 세대가 많거나, 유아 동반 혹은 고령층 비율이 높은 지역이라면 도보 접근성은 더욱 중요합니다.

2) 외부 노출도

미용실은 '시각적'인 효과가 매우 중요합니다. 아파트 입구나 주차장 입구에 가까운 상가에 입점하거나, 간판이 쉽게 보이는 1층에 위치하면 좋습니다.

통유리나 조명, 인테리어 콘셉트를 활용해 한눈에 감성·트렌드를 느낄 수 있도록 하면 워킹 고객(지나가다 자연스럽게 방문하는 고객) 유치에 유리합니다.

3) 주차 공간

미용실 방문 시간은 의외로 길 수 있습니다. 펌이나 염색 시술의 경우 1시간 이상 소요되기 때문에, 편리한 주차 공간이 있으면 재방문율이 올라갑니다.

별도의 전용 주차 공간이 여의치 않다면 인근 유료 주차장과 제휴하거나 주차 요금 할인권을 제공하는 방법도 있습니다.

✂️ 추가로 고려할 사항

1) 내부 인테리어와 동선 설계

소규모이면서도 시술 동선(시술 공간, 샴푸대, 대기 공간 등)이 효율적으로 배치되면 운영성과 고객 만족도가 높아집니다. 인테리어 콘셉트는 창업자의 브랜드 아이덴티티를 담아내면서도, 주변 상권의 분위기와도 어울리는 디자인을 고려해야 합니다.

2) 직원 채용 및 교육

초창기에는 인원 구성이 많지 않을 수 있으므로, 직원 1명 한 명 한 명의 역할이 매우 중요합니다. 직원 교육 시스템(서비스 매뉴얼, 커뮤니케이션 스킬, 고객 응대)을 체계적으로 구축해 두면 서비스 품질이 균일하게 유지됩니다.

3) 재료 수급 및 재고 관리

펌제·염색제·스타일링 제품 등 소모품이 많아지면 관리도 까다로워집니다. 필요 이상의 재고를 쌓아서 비용을 낭비하지 않도록, 매출 추이와 시술별 소비량을 주기적으로 점검해야 합니다.

4) 마케팅 및 홍보 전략

전단지나 지역 맘카페, SNS(인스타그램, 블로그, 카카오채널 등)를 적극 활용해 신규 고객을 유치해야 합니다. 입소문과 함께 오프라인 홍보도 빼놓을 수 없으니, 오픈 이벤트, 이웃과의 교류, 리뷰 이벤트 등을 적절히 시행해 보십시오.

이상으로 소형 미용실 창업을 준비할 때 꼭 알아야 할 핵심 전략과 보완 정보를 정리해 드렸습니다. 아파트 단지 상권은 창업 초기 안정적인 고객층과 실무 경험 축적에 안성맞춤인 환경을 제공합니다. 어떤 상권을 선택하든, 결국 창업자는 지속적인 공부와 노력을 통해 시장 변화에 대응하고 고객에게 만족도 높은 서비스를 제공해야 한다는 점이 가장 중요하다는 사실을 잊지 말아야 합니다. 꾸준한 노력과 신중한 준비로 성공적인 소형 미용실 창업을 이루시길 바랍니다!

첫 창업에서 가장 중요한 전략은 '무리하지 않고 꾸준히 생존'하는 것입니다. 아파트 단지 상권은 이를 가능케 하는 중요한 기반이 될 수 있습니다.

09
미용실 자리 왜 중요한가?

미용실 창업을 준비한다면 가장 먼저 해야 할 중요한 과제는 바로 자리 선정입니다. 올바른 자리를 찾는 것은 성공적인 미용실 창업의 첫걸음이자, 앞으로의 매출과 고객 유입을 좌우하는 핵심 요인입니다. 그렇다면 '좋은 자리'란 무엇을 의미할까요? 단순히 사람들이 많이 다니는 곳이나 인구가 많은 곳을 고르는 것만으로 충분할까요? 그렇지 않습니다. 경쟁이 치열한 미용 업계에서 생존하고, 더 나아가 성공하려면 더 면밀하고 전략적인 접근이 필요합니다.

✂ 자리 선정의 핵심 기준, 유효수요

미용실 자리 선택에서 가장 중요한 개념은 바로 유효수요입니다. 유효수요란 단순히 미용실 근처에 거주하거나 방문할 가능성이 있는 사람이 아니라, 실제로 우리 미용실을 이용할 가능성이 있는 고객군의 숫자를 말합니다. 이 개념을 이해하지 못한 채 단순히 유동 인구가 많은 곳을 선택하면, 잘못된 입지 선정으로 인해 생각보다 낮은 매출과 적자를 경험할 수 있습니다. 예를 들어, 유동 인구가 많은 대로변의 특정 지역에 미용실을 차렸는데, 주변 상권 특성상 경쟁업체가 다수 존재하거나 해당 지역 고객들의 소비 성향이 미용실 이용 빈도가 낮다면, 실제 수익은 예상치에 한참 못 미칠 수 있습니다. 따라서 유효수요를 정확히 분석하고 파악하는 것이 성공 가능성을 높이는 데 절대적으로 중요합니다.

유효수요가 많으면 매출이 상승하고, 유효수요가 적으면 매출이 감소합니다. 이는 사실이며, 실제로 유효수요 분석을 철저히 한 창업자들이 지속 가능하고 높은 매출을 유지하는 사례를 찾아 볼 수 있습니다.

✂ 유효수요 높은 자리를 찾는 전략적 방법

1) 유동 인구와 타깃 고객의 일치성

사람들이 많이 다니는 장소라고 해서 모두가 미용실을 이용하는 잠재 고객이 되는 것은 아닙니다. 유동 인구의 특성과 우리 미용실의 주요 타깃 고객군(예: 20~30대 여성, 가족 단위 고객, 1인 고객 등)이 얼마나 일치하는지가 중요합니다.

2) 상권 분석 및 경쟁 환경

주변 상권 내 경쟁 미용실의 수와 종류를 파악해야 합니다. 경쟁이 과도하게 치열하거나, 이미 포화 상태에 이른 상권에서는 유효수요를 확보하기 어려울 수 있습니다. 반면, 적절한 차별화 요소를 통해 경쟁이 약한 틈새시장을 공략할 수 있는 상권이라면 기회가 될 수 있습니다.

3) 지역 소비 패턴 확인

특정 지역 고객들의 소비 패턴 및 미용실 이용 빈도를 조사하는 것이 필수입니다. 교통이 불편하거나 흐르는 지역이라면 미용실 이용에 관심이 없는 고객군이 대부분인 지역으로 유동 인구가 아무리 많아도 적합하지 않을 수 있습니다.

4) 임대료와 비용 효율

아무리 좋은 자리라 하더라도 지나치게 높은 임대료는 미용실 사업의 안정성을 해칠 수 있습니다. 초기 창업 시에는 특히 비용 대비 효과를 꼼꼼히 따져야 합니다. 임대료 외에도 인테리어 비용, 초기 운영 자본 등을 종합적으로 고려해야 합니다.

✂ 미용실 자리 선정의 모든 단계에서 필요한 정보

1) 유효수요 찾기

유효수요를 파악할 수 있는 다양한 방법과 데이터를 활용해, 가장 적합한 고객층을 판별하는 방법을 설명합니다.

2) 유효수요가 풍부한 소형 미용실 자리 찾기 전략

소규모 미용실 창업에 적합한 상권과 위치를 찾는 구체적인 방법론을 알려 드립니다. 특히, 대형 미용실과 구별되는 소형 미용실만의 경쟁력을 극대화할 수 있는 전략도 함께 다룹니다.

3) 주동선 찾기

유효수요가 충분하다고 해도 자리가 빗나가면 매출을 올리기 어렵습니다. 따라서 주동선상에 미용실을 오픈해야 합니다.

미용실 자리를 찾는 일은 단순히 '좋은 장소'를 선정하는 것이 아니라, 우리 미용실의 서비스와 고객의 니즈가 만날 수 있는 적합한 공간을 찾는 과정입니다. 이 과정이 효과적으로 이루어질 때, 미용실 창업의 성공 가능성은 한층 더 높아집니다.

9-1. 상권과 입지의 차이

미용실 창업을 준비하는 과정에서 많은 사람들은 상권과 입지를 같은 의미로 혼동하곤 합니다. 하지만 두 개념은 엄연히 다르며, 이를 명확히 이해하고 적절히 활용하는 것이 창업 성공의 핵심 중 하나입니다. 이 부분에서는 '상권'과 '입지'의 차이점을 설명하며, 미용실 창업 시 어떤 부분에 중점을 두어야 할지 알려 드리겠습니다.

✂ 상권은 고객을 끌어들이는 힘의 범위

상권은 특정 지역에서 유동 인구와 소비자가 밀집해, 물품이나 서비스를 사고파는 활동이 활발하게 이루어지는 공간적 범위를 말합니다. 예를 들어, 서울 강남역 일대는 대형 오피스 빌딩과 학원가, 번화한 유흥 시설이 밀집하여 직장인·학생·관광객 등 다양한 소비층이 유입되는 대표적인 상권입니다. 지하철역을 중심으로 유동 인구가 많은 만큼, 커피전문점·의류매장·식당·헬스장 등 다양한 업종이 자리 잡아 종합형 상권으로 발전한 사례라고 볼 수 있습니다.

다른 예시로는 젊은 층이 많이 찾는 홍대 앞 상권을 들 수 있습니다. 이곳은 예술적·자유로운 분위기가 특징으로, 소규모 독립 서점, 카페, 클럽, 예술 공연장 등이 발달했습니다. 주말이나 저녁 시간대에는 유동 인구가 크게 늘어나 거리 공연이나 축제도 자주 열려, 음악·패션 등 문화적 요소가 결합된 '특색형 상권' 성격이 강합니다.

이처럼 상권은 해당 지역의 지리적 입지, 유동 인구의 특성, 주변 상업 시설, 교통 편의성, 문화적 배경 등에 따라 서로 다른 소비 패턴과 규모를 형성합니다. 따라서 상권 분석 시에는 주변 환경(대중교통 접근성, 경쟁 매장 현황 등)과 소비자 특성(연령대, 직업, 소득 수준 등)을 종합적으로 고려해야 보다 정확한 결과를 얻을 수 있습니다.

상권을 정의하는 요소

1) 인구의 밀도와 특징
상권에 거주하거나 방문하는 사람들의 성별, 연령, 직업, 소득 수준 등의 특성을 분석해야 합니다. 예를 들어, 20~30대 젊은 층이 주로 찾는 대학가 상권과 중장년층 중심의 주거지 상권은 완전히 다른 고객 니즈를 가질 것입니다.

2) 유동인구와 소비 패턴
일정 시간 동안 특정 지역을 지나가는 유동인구는 상권의 중요한 지표입니다. 미용실의 주요 고객층이 고정 고객인지, 아니면 방문자 유입이 큰지 고민해 볼 필요가 있습니다. 유동인구가 많으면 자연히 고객 유인 가능성이 높아지지만, 지나친 경쟁도 고려해야 합니다.

3) 지역 내 경쟁 구조
상권의 크기와 소비자 수요에 비해 이미 포화 상태가 된 미용실이나 유사 업종의 수가 많은 경우, 새로운 미용실이 자리 잡기가 어렵습니다. 경쟁이 적절한 상권을 찾는 것이 중요합니다.

✂ 입지는 상권 안에서의 세부적인 위치

입지(立地)는 특정 건물이나 사업체가 자리 잡고 있는 물리적·지리적 위치를 가리키며, 주변 환경, 접근성, 잠재 고객 특성 등에 따라 중요한 의미를 갖습니다. 입지의 구체적인 예시를 몇 가지 들어 보겠습니다.

1) 지하철역 인근 상업 시설 입지

- ◆ 예시: 서울 강남역, 신촌역 주변
- ◆ 특징: 대중교통 접근성이 뛰어나 유동인구가 많고, 다양한 업종(카페·식당·의류매장 등)이 밀집해 상권이 발달합니다. 고객 유입이 꾸준하기 때문에 임대료가 높을 수 있지만, 높은 매출 잠재력도 기대할 수 있습니다.

2) 대단지 아파트 단지 앞 상가 입지

- ◆ 예시: 수도권 신도시 내 새 아파트 단지 상가
- ◆ 특징: 거주민이 집중되어 있고, 일상생활에 필요한 업종(편의점·학원·미용실·부동산 등)이 필수적으로 형성됩니다. 소비층이 단지 주민으로 고정되는 경향이 있어, 지역 커뮤니티와 긴밀히 연결된 영업이 중요합니다.

3) 오피스 밀집 지역 입지

- ◆ 예시: 서울 종로, 광화문, 여의도, 부산 문현금융단지 등
- ◆ 특징: 직장인들이 집중되는 지역으로 점심시간·퇴근 시간대 유동인구가 많습니다. 주로 빠르고 간편한 식사류(분식·패스트푸드 등)나 전문적인 B2B 서비스(인쇄·문구·세탁 등) 수요가 많으며, 주말에는 상대적으로 한산할 수 있습니다.

4) 대학교 주변 입지

- ◆ 예시: 대학로, 연세대·이화여대 인근, 고려대·서울시립대 인근 상권 등
- ◆ 특징: 학생 및 교직원을 중심으로 한 젊은 소비층이 주 고객이며, 카페나 저렴한 음식점, 서점, 학원 등이 들어서기 좋습니다. 가격·트렌드 민감도가 높기 때문에 참신한 아이디어의 매장이나 F&B(음식·음료) 업종이 발달하기도 합니다.

5) 관광지 및 명소 중심 입지

- ◆ 예시: 명동, 홍대, 경주 황리단길, 부산 해운대 일대 등
- ◆ 특징: 국내외 관광객 유동인구가 많아 쇼핑, 숙박, 엔터테인먼트 분야가 활발합니다. 외국인 방문객을 위한 다국어 표기나, 여행객 맞춤 서비스를 제공할 수 있다는 장점도 있지만, 비수기와 성수기의 격차가 커서 계절적·시기적 변동성이 두드러질 수 있습니다.

6) 교외형 복합 쇼핑몰 주변 입지

- ◆ 예시: 김포공항 롯데몰, 스타필드 하남, 현대 프리미엄 아울렛 등
- ◆ 특징: 넓은 부지에 레저·쇼핑·문화시설이 복합적으로 구성된 대형 몰 주변으로, 주차장이 잘 갖춰져 있고 가족단위 고객이 많습니다. 쇼핑몰에 방문하는 인구가 유입되면서 주변 지역 식당·카페 등도 높은 매출을 기대할 수 있습니다.

7) 수요 특화형 입지(병원·컨벤션 센터 인근 등)

- ◆ 예시: 삼성서울병원 주변(의료 관련 상가), 대구 EXCO·킨텍스 주변(전시장 인근 숙박·식당 등)
- ◆ 특징: 특정 수요(환자·의료 관광객, 전시·박람회 방문객 등)에 맞춰진 업종이 발달합니다. 행사의 스케줄이나 의료 일정 등에 따라 수요가 크게 좌우될 수 있어 관련 일정·워킹타임 등을 꼼꼼하게 파악해야 합니다.

이처럼 입지는 단순히 '어디에 위치해 있다'는 개념에서 나아가, 주변의 교통 환경, 인구 동태, 라이프스타일, 지역 특성 등의 복합적인 요인을 아우르는 개념입니다. 따라서 실질적으로 창업이나 부동산 투자를 계획할 때는, 인근 상권 분석과 더불어 고객층의 소비 패턴, 경쟁 매장 현황, 교통 접근성 등을 면밀히 조사하여 적절한 전략을 수립하는 것이 매우 중요합니다.

✂ 입지 선정에서 고려해야 할 요소

1) 가시성(Visibility)

고객들이 미용실을 쉽게 인지할 수 있는지가 중요합니다. 도로변, 코너 자리, 주목도가 높은 자리일수록 고객 유입 가능성이 높아집니다. 반면, 상권이 아무리 좋더라도 건물이 안쪽에 있거나, 눈에 잘 띄지 않는 위치라면 매출에 지장이 생길 가능성이 큽니다.

2) 접근성(Accessibility)

차량, 대중교통, 도보 등을 통해 얼마나 쉽게 미용실에 방문할 수 있는지가 입지 선정 시 중요한 포인트입니다. 예를 들어, 주차 공간이 협소하거나 지하철역에서 먼 지역의 경우 고객 방문에 제한이 있을 수 있습니다.

3) 주변 시설과의 조화

입지를 선정할 때 주변 시설과의 관계도 신중히 고려해야 합니다. 예를 들어, 쇼핑몰, 카페, 슈퍼마켓 등 사람이 몰리는 시설과 가까이 있는 경우 미용실 방문 고객도 자연스럽게 늘어날 가능성이 높습니다. 반대로, 주변 환경이 어둡거나 위생적으로 좋지 않을 경우 고객이 미용실을 꺼릴 수 있습니다.

✂ 상권과 입지의 연결:
   성공적인 미용실 창업의 중요한 전략

상권은 큰 틀에서 고객군을 정의하고, 입지는 그 고객을 실질적으로 끌어오는 장소를 결정합니다. 즉, 상권 분석을 통해 이상적인 고객층이 있는 지역을 찾는 것이 첫 단계라면, 입지 선정은 이 고객이 실제로 미용실에 방문하도록 만드는 구체적인 전략입니다.

예를 들어, 상권이 뛰어난 지역이라고 해서 반드시 성공적인 입지를 보장하는 것은 아닙니다. 대로변에서 벗어난 골목길 한가운데에 미용실을 둔다면 아무리 좋은 상권이라도 고객 유입이 한정적일 수밖에 없습니다. 따라서 "좋은 상권을 선정한 후, 적절한 입지에 투자한다."라는 기본 원칙을 항상 염두에 두어야 합니다.

✂ 상권과 입지 선정 시 주의할 점

다음은 미용실 창업 시 상권과 입지 선정에서 흔히 발생할 수 있는 실수와 주의할 점입니다.

첫째, 단순히 임대료가 저렴하다는 이유로 상권이나 입지를 선택하면 안 됩니다.

둘째, 주말과 평일, 낮과 저녁 시간대의 유동인구를 모두 조사하여 데이터에 기반한 판단을 내려야 합니다.

셋째, 주변 경쟁 업소의 강점과 약점을 철저히 분석해 차별화 포인트를 찾아야 합니다.

넷째, 장기적으로 상권이나 입지의 발전 가능성을 고민해야 합니다.

미용실 창업의 첫 단추는 철저한 상권 분석과 입지 선정에서 시작됩니다. 상권이 미용실의 성공 기반을 제공하는 큰 개념이라면, 입지는 그 성공을 구체화하는 실행의 단계입니다. 이를 간과하지 않고 체계적으로 분석한다면, 창업 후 안정적인 운영을 위한 탄탄한 초석이 되어 줄 것입니다.

9-2. 유효수요란 무엇인가?

유효수요(有效需要)는 단순히 어떤 상품이나 서비스를 '원하는 사람'의 수를 넘어서, 실제 구매력과 구매 의사가 있는 소비자의 수요를 의미합니다. 즉, 시장에서 그 상품이나 서비스를 구매할 '능력(소득 수준 등)'과 '의지(구매 의도)'가 동시에 충족된 집단이 얼마나 되느냐를 측정하는 개념입니다.

예를 들어, 어떤 지역에 많은 인구가 거주하더라도, 실제로 그 상품에 높은 관심이 없거나 가격이 부담스러워 구매하지 않는다면 해당 인구는 유효수요에 포함되지 않습니다. 반면, 인구가 많지 않아도 특정 계층이 해당 상품을 적극적으로 소비할 의사와 경제적 역량이 있다면, 그들이 곧 유효수요가 됩니다.

실제로 우리 미용실을 찾을 평소 관심도와 지불 능력을 갖춘 '잠재 고객 집단'을 가리킵니다. 즉, "이 사람들이 우리 미용실 서비스를 이용할 가능성이 얼마나 있는가?"를 중심으로 평가해야 합니다. 어떤 지역에 사람이 많더라도, 그들이 이미 다른 미용실을 주로 이용하거나 미용에 지불할 의사가 낮다면 우리의 '유효수요'가 되기 어렵습니다.

결국 유효수요는 단순한 인구 또는 유동인구 규모로 결정되지 않으며, 소비자들의 경제력, 소비 성향, 경쟁 상품 이용 현황 등을 종합적으로 고려해야 정확히 파악할 수 있습니다. 그럼에도 불구하고 인구밀도가 높은 지역에 입점해야 '잠재 고객 집단'의 사이즈도 클 가능성이 높아지고 우리 미용실에 이용할 고객 수가 많을 수 있습니다.

✂ 미용실에서 유효수요를 측정할 때 고려해야 할 주요 요소

1) 인구통계학적 특성
- ◆ 연령대: 미용실의 서비스(concept)가 어떤 연령층에 특화되어 있는지에 따라 방문 가능성이 달라집니다. 예를 들어, 젊은 세대를 주 고객으로 하는 트렌디한 매장을 계획한다면, 대학가 및 20~30대 인구 비중이 높은 지역인지 확인해야 합니다.
- ◆ 소득 수준: 미용실 서비스도 저가형, 중가형, 프리미엄 헤어살롱 등 다양한 가격대가 존재합니다. 주변 소비자의 소득 수준이나 소비 성향을 잘 파악해, 설정한 가격대와 어울리는지를 살펴보는 것이 중요합니다.

2) 아파트 단지를 활용한 상권 분석
특히, 아파트 단지는 유효수요를 구체적으로 분석하기에 매우 유용한 지표를 제공합니다. 아파트는 동일한 공간에 비슷한 생활수준을 가진 인구가 밀집해 있으며, 세대수, 인구 구성, 나이대, 소득 수준과 같은 정보를 비교적 쉽게 파악할 수 있습니다. 이는 지역 내 소비 트렌드나 미용 서비스 수요를 비교적 정확하게 예측할 수 있는 데이터로 활용될 수 있습니다.

예를 들어, 고급 아파트 밀집 지역에서는 프리미엄 미용실이, 젊은 층이 많이 거주하는 소형 아파트 단지는 트렌디한 스타일링과 합리적인 가격대를 가진 미용실이 성공 가능성이 높을 수 있습니다. 또한, 아파트 주민들은 대부분 일정한 소비 패턴을 유지하므로, 잠재 고객층을 예측하고 타기팅하기가 다른 상권 대비 수월합니다.

특정 아파트 단지를 분석할 때는 아래 항목에 주목하세요.
- ◆ 세대수와 인구 밀도(네이버 지도에서 쉽게 알 수 있음)
- ◆ 주거 형태(대형 평수 vs 소형 평수)
- ◆ 거주자 평균 연령대(젊은 층이 많은지, 아이를 키우는 가족이 많은지 등)
- ◆ 인근 상업시설 현황(경쟁 미용실 수, 대형 쇼핑몰 등)

3) 생활 패턴과 유동인구
- ◆ 주중 vs 주말: 주변이 상업지구인지 주거지인지, 또는 오피스 밀집 지역인지에 따라 평일과 주말의 유동량이 달라집니다. 예를 들어, 오피스가 많은 곳은 평일 점심시간과 퇴근 후에 집중되지만, 주말에는 비교적 한산할 수 있습니다.
- ◆ 시간대별 특성: 학원가 인근이면 저녁 시간대, 젊음의 거리라면 늦은 밤~주말에 집중되는 패턴 등이 존재합니다. 미용실 운영 시간을 해당 수요가 많은 시간대에 맞출 필요가 있습니다.

4) 경쟁 환경 분석
- ◆ 경쟁 매장 수와 상태: 이미 주변에 동일한 콘셉트의 미용실이 즐비하다면, 신규 창업 미용실이 자리 잡기 어려울 수 있습니다. 그러나 경쟁 매장이 있어도 오래된 시설이거나 특정 연령층 위주라면, 새로우며 차별

화된 서비스로 진입이 가능할 수 있습니다. 경쟁 미용실의 수를 단순히 확인하는 데 그치지 말고, 그들이 제공하는 서비스와 가격 체계, 타깃층 등을 분석해 차별화 전략을 세워야 합니다.
- ◆ 차별화 포인트: 숙련된 헤어 디자이너, 특별한 인테리어, 웰빙 두피 케어나 네일·메이크업 등 추가 서비스 등으로 차별점을 만든다면 유효수요가 늘어납니다.

5) 직장인 유동층 vs 고정 고객층
- ◆ 사무실 밀집 지역: 점심시간이나 퇴근 시간에 가벼운 미용 서비스를 원하는 직장인 고객층을 공략하기 용이합니다.
- ◆ 아파트 중심 지역: 가족 단위의 주거 고객을 주요 타깃으로 삼을 수 있습니다.

지역 특성에 맞는 영업 전략을 세우기 위해 상권의 주요 고객층이 직장인인지, 거주자인지 구분해 분석하는 과정이 반드시 필요합니다.

6) 접근성 및 편의시설
- ◆ 교통: 지하철역이나 버스정류장에서 도보 이동 가능한지, 주차가 충분한지(공용주차장 혹은 백화점·마트 제휴 유무) 등을 고려해야 합니다. 거리가 조금 멀더라도 교통 접근성이 좋으면 유효수요가 늘 수 있습니다.
- ◆ 주변 편의시설: 대형마트, 영화관, 거점 쇼핑몰, 병원 등이 있는 지역이면 일상적인 외출 동선에 미용실을 방문하기가 수월해져 고객이 더 자주 찾게 됩니다.

7) 지역의 발전 가능성

　상권은 시간이 지나면서 변화하기 마련입니다. 현재는 잠재 유효수요가 낮더라도, 개발 호재가 있거나 특정 시설이 새로 들어설 예정인 지역은 성장 가능성을 주목할 필요가 있습니다. 예를 들어, 대규모 아파트 단지가 재개발 되는 지역은 초기에는 소비층이 적을 수 있지만 입주가 완료된 이후 빠르게 성장할 가능성이 높기 때문입니다.

　이러한 데이터를 수집하고 분석하려면 효율적인 도구를 사용하는 것이 필수적입니다. 대한민국에서는 소상공인 상권정보시스템(sg.sbiz.or.kr)을 통해 지역별 상권 데이터를 제공받을 수 있습니다.

　이 시스템은 특정 지역의 인구 통계, 상업 시설 분포, 경쟁 업체 데이터, 유동 인구 흐름 같은 정보를 제공합니다. 상권정보시스템을 사용하면 고객의 연령대, 소비 성향, 거주 형태까지 종합 분석할 수 있어 창업의 성공 가능성을 높일 수 있습니다. 이러한 데이터를 바탕으로 체계적으로 상권을 분석하고, 이를 통해 미용실의 운영 전략을 예측해 보세요.

　예를 들어, 소형 미용실의 경우, 실제 커트비 18,000원, 일반 펌 50,000원으로 가정하고, 월 수익 500만 원 이상을 얻을 수 있는 곳을 찾아 보겠습니다. 소형 미용실의 경우, 경대 4개, 1층 12평 정도의 공간이 적당합니다. 이런 공간에서 하루 방문객 수가 18명이라면, 객단가 25,000원일 경우 일 매출은 45만 원이 됩니다. 이렇게 하면, 26

일 근무 기준 월 매출 1,170만 원의 매출을 올릴 수 있습니다. 각종 임대료, 공과금, 인건비, 세금을 총매출액의 50%로 가정할 때 500만 원의 순수이익을 얻을 가능성이 있습니다.

하지만, 이런 곳을 찾기는 쉽지 않습니다. 월세가 싸고 권리금이 없는 빈 점포를 얻으려면, 부동산을 다니며 여러 곳을 봐야 합니다. 하지만, 실제로 권리금이 싸고 임대료가 저렴한 곳에서 매출 잘 나오는 곳은 없습니다. 유효수요가 많다는 것은 인구 밀도가 높다는 이야기입니다. 인구밀도가 높은 지역의 미용실에 오픈하는 것을 추천 드립니다. 우리 미용실을 이용할 배후 세대가 많은 지역을 찾는 다면 아파트 상권을 적극 추천드립니다.

그래서 월세는 어느 정도가 적당할까요? 보통 서민 동네에서 혼자 운영한다면 하루 30~50만 원이면 대박이라고 보는데, 점심도 굶고 종일 일해야 그 정도입니다. 생각보다 매출 내기 힘듭니다. 커트만 9만 원 하는 청담동과 비교가 안 됩니다. 동네 소형미용실에서는 커트 만 원도 비싸다고 하는 사람이 있습니다.

미용실을 오픈하고 적어도 3일 매출로 월세가 나와야 성공이라는 이야기가 있습니다. 하루 매출 45만 원 기준 월세는 150만 원 정도가 적당하다고 생각합니다. 하지만, 월 매출 1,200만 원 미용실 자리를 1층 상가에서 임대료 150만 원으로 찾는 게 쉽지는 않습니다.

✂ 편의점을 통해 미용실 유효수요 분석하기

현대 사회에서는 일상에서 발생하는 다양한 데이터를 활용하여 새로운 비즈니스 인사이트를 도출할 수 있습니다. 이러한 생활 빅데이터는 특정 지역의 상권을 분석하고 잠재 고객의 유동 인구를 파악하는 데 매우 유용한 도구가 될 수 있습니다. 이번 장에서는 주변 편의점 데이터를 활용해 미용실 창업에 앞서 유효수요를 분석하는 두 가지 실용적인 방법을 소개합니다.

1) 편의점 식품 매대로 유동 인구 분석하기

편의점은 유통기한이 짧은 식품을 많이 취급하는데, 이를 활용하여 지역 유동 인구의 규모를 간접적으로 분석할 수 있습니다. 특히, 샌드위치, 도시락, 삼각김밥과 같은 유통기한이 하루 혹은 반나절에 불과한 제품들이 중요한 관찰 대상으로 주목받습니다.

▶ 왜 짧은 유통기한 식품이 중요한가?

하루 이상의 재고를 보관할 수 없는 이러한 제품들은 충분한 고객 수요가 뒷받침되지 않는다면 점주 입장에서 폐기 위험성이 높아 판매를 유지하기 어렵습니다. 따라서 해당 제품들을 편의점에서 꾸준히 진열하고 있다면, 해당 지역은 일정 수준 이상의 유동 인구가 있다는 것을 의미합니다.

▶ 분석 방법

출퇴근 시간 때 편의점 방문 시 매대가 얼마나 차 있는지 관찰하세요. 매대가 대부분 비어 있다면 해당 지역의 실제 유동 인구가 비교적 적거나, 고객이 일시적 특정 시간대에 집중되는 경우일 가능성이 큽니다. 매대가 꽉 차 있고, 지속적으로 제품이 보충된다면 해당 상권은 활발한 유동 인구가 존재할 가능성이 높습니다. 일부 제품은 하루 2~3회 배송되기도 하므로, 동일 편의점을 하루 중 여러 시간대에 방문하거나, 특정 시간대(예: 점심, 저녁 등)를 기준으로 매대 상황을 살펴보는 방법입니다.

2) 담배 매출로 상권 유효수요 파악하기

또 하나 유용한 지표는 편의점에서 이루어지는 담배 매출입니다. 흥미롭게도 담배는 전체 편의점 매출의 약 50% 이상을 차지할 정도로 중요한 품목으로, 담배 판매가 높은 점포는 높은 방문객 수를 의미하게 됩니다. 이를 통해 해당 상권의 유동 인구를 간접적으로 파악할 수 있습니다.

▶ 왜 담배 매출이 중요한가?

담배는 편의점의 대표적인 충성 고객 상품 중 하나로, 구매 패턴이 비교적 일정하고 정기적인 경우가 많습니다. 따라서 담배 매출이 높다는 것은 지역을 오가는 단골 소비자와 유동 고객이 안정적으로 많다는 신호로 해석할 수 있습니다.

▶ 분석 방법

점주나 아르바이트생에게 간단히 담배 매출에 대해 물어보세요. 담배 매출이 높다고 이야기한다면 해당 편의점은 고객 유입이 활발하며, 유효수요가 많다고 예측해 볼 수 있습니다. 이는 잠재적으로 미용실 고객층이 형성되기 좋은 조건임을 시사합니다. 담배 매출이 낮다면 유동 인구 밀도가 낮을 가능성이 크며, 주거 지역 중심의 한정된 소비 패턴일 수 있음을 고려해야 합니다.

실제 편의점 매출 비중은 지역 특성과 점포 운영 방식에 따라 차이가 있을 수 있으니, 담배 매출 이외의 다른 관찰 요소(식품 매대, 기타 주요 매출품 데이터 등)와 함께 복합적으로 분석해 보는 것이 중요합니다. 이는 유효수요를 파악하는 데 참고 사항입니다.

미용실 창업에서 유동 인구 분석은 고객의 유입 가능성을 사전에 평가하는 중요한 과정입니다. 아무리 상권의 외형이 좋아 보이더라도, 실제로 잠재 고객이 가게를 방문할 가능성이 높지 않다면 성공적인 운영을 기대하기 어렵습니다.

미용실은 고객의 반복 방문이 매출 구조의 상당 부분을 차지합니다. 하지만 초기 방문 자체가 없다면 단골 고객 확보는 더욱 어려워집니다. 이를 고려할 때, 편의점을 활용한 데이터 분석은 적은 비용으로 상권의 유효수요를 사전에 예측할 수 있는 실질적이고 실용적인 방법입니다.

3) 아파트 상권 편의점의 객단가는 2,000원[14]

 유동 인구만으로는 유효수요를 정확하게 파악하기 어렵습니다. 실제로 미용의 매출은 방문 고객의 수와 고객의 객단가입니다. 그렇다면, 내가 입점하려는 자리가 매출이 잘 나올 자리인지 미리 알 수 있다면 어떨까요? 편의점 매출 예측을 통해 설명해 보겠습니다.

 예를 들어, 편의점의 객단가를 알아볼까요? 아파트 상권에서 영업하는 편의점의 경우 객단가는 세대당 2,000원 정도입니다. 물론 다른 상권은 객단가가 조금씩 차이가 납니다. 이를 통해서 편의점 하루 일 매출이 어느 정도 확인을 할 수 있습니다(담배 매출까지 알 수 있다면 더 정확해집니다). 편의점 매출을 확인하려는 이유는 무엇일까요? 상권의 크기, 유효수요가 풍부한지 확인하는 절차라고 생각하면 됩니다.

 예를 들어, 내가 미용실을 오픈하려는 곳이 2곳이 있다고 가정하겠습니다. 한 곳의 가장 가까운 편의점의 일 매출이 A편의점은 200만 원(1,000세대×2,000원)이고 월 매출은 6,000만 원을 하고 있습니다. 또 다른 한 곳의 가장 가까운 B편의점 일매출이 300만 원(1,500세대×2,000원)이라면 월 매출이 9,000만 원의 매출을 올릴 겁니다.

 어느 곳이 유효수요가 더 많다고 생각할 수 있을까요? 당연히 B지역에 미용실을 오픈해야 합니다. 그만큼 우리 미용실을 이용 가능한 유효수요가 충분하다고 판단할 수 있죠. 그래서 미용실을 오픈하려면

---

14) 김종율, 나는 집 대신 상가에 투자한다, 베리북, 2016. 2016년 자료이므로 세대당 객단가 변동이 있을 수 있음.

아파트 세대수 기준 최소 500세대 이상이며 1,000세대 이상 아파트 상권에 입점하는 것을 추천드립니다.

✂ 객단가와 이탈률이 매출에 미치는 영향

1) 객단가가 미용실 매출에 미치는 영향

예를 들어, A미용실의 객단가 30,000원이라면, 일평균 15명 × 객단가 30,000 = 45만 원 이상 매출을 올릴 수 있습니다. (물론 객단가는 주변 상권의 시술 단가에 영향을 받습니다. 그리고 미용 기술은 개인의 기술력에 따라 서비스 요금이 달라집니다.)

만약 객단가가 이보다 낮다면 세대수가 더 많은 곳에 입점해야 합니다. 예를 들어 B미용실의 경우, 커트비 15,000~18,000원, 펌 30,000~50,000원이라고 가정할 경우, 일평균 18명 × 객단가 25,000 = 45만 원, 객단가가 낮을수록 더 많은 유효수요가 필요합니다.

2) 고객 이탈률이 미용실 매출에 미치는 영향

미용실 고객 관리 프로그램을 보면 신규고객의 이탈률은 85%에 달합니다.[15] 어느 지역이나 일정합니다. 따라서 직원들의 재방문을 고려했을 때, 끊임없이 신규를 넣어 주는 자리를 찾아야 합니다. 아파트는 보통 전월세, 매매로 1년에 상당한 수의 물갈이가 일어납니다. 따라서 소형 미용실 자리는 유효수요가 풍부한 대단지일수록 좋습니다. 보통

---

15) 고객·매출 데이터의 효율적인 활용과 분석, handsos.com

1,000세대 이상이면 좋겠습니다. 새로운 고객들이 이사 오고 기존 고객은 떠난다는 이야기는 안정적인 신규 확보를 위해 매년 새로운 고객이 유치되는 자리가 매우 중요합니다.

✂ 실제 사례로 유효수요가 매출에 미치는 영향을 알아보자!

해당하는 미용실은 코너 1층 12평, 경대 4개의 아담한 미용실입니다. 직원 포함 2~3명이 일하는 미용실로 1입지에 있는 아파트 세대수가 1,600세대이며, 주동선상에 위치하고 있습니다. (2023년 기준 1인숍 전환)

근처에 있는 CU 편의점을 통해 하루 일반 식품 판매량과 담배 판매량을 통해 주동선상에 유동인구를 조사하였습니다. 일매출(1,600세대×2,000원) 320만 원, 월매출 9,600만 원 예상되어 편의점 마진이 본부 로열티가 없어도 30% 정도인 것을 감안하면, 월 순수입이 어느 정도일지 가늠할 수 있습니다.

따라서 해당 미용실은 유효수요가 풍부한 곳에 위치하고 있고, 하루 객 수 24명(직원 1인당 8명)×객단가 25,000원일 경우 일 매출 60만 원, 예상 매출 월 1,800만 원 이상의 매출을 올릴 수 있습니다.

9-3. 입지 선정의 핵심 주동선 찾기

성공적인 미용실 창업은 입지 선정에서 시작된다고 해도 과언이 아닙니다. 특히, 미용실의 매출을 좌우할 수 있는 요소 중 하나가 바로 유효수요의 크기와 이들의 이동 경로입니다. 유효수요란 실제로 우리 매장을 방문할 가능성이 높은 잠재 고객층을 의미하며 이들이 주로 다니는 길, 즉 주동선(主動線)을 제대로 파악하고 그에 맞는 입지를 선정하는 것이 성공의 첫걸음입니다.

✂ 주동선이란 무엇인가?

주동선은 간단히 말해 사람들이 가장 많이 이동하는 주요 동선을 의미합니다. 일종의 '핫라인'이라고 볼 수 있죠. 이에 따라 장사가 잘되는 상가들은 대부분 이 주동선상에 위치해 있습니다. 사람들이 많이 다니는 거리와 교통이 원활한 곳에 위치한 매장은 자연스럽게 높은 유동인구를 흡수할 수 있습니다.

주동선을 효과적으로 분석하려면, 먼저 특정 지역에서 사람들이 가장 많이 움직이는 경로를 관찰해야 합니다. 이는 다양한 방법으로 가능합니다.

✂ 대중교통 이용 경로 파악

유효수요가 가장 빈번하게 다니는 동선은 대개 대중교통을 이용하는 경로와 밀접하게 연관됩니다. 예를 들어, 지하철역이나 버스 정류장까지 가는 가장 짧은 도보 경로가 주동선이 될 확률이 높습니다. 특히, 지하철역 출입구부터 시작해 주변을 연결하는 도로는 주변 상권에서 가장 활발한 상업 활동이 이뤄지는 곳으로 꼽히곤 합니다.

✂ 핵심 지점은 초입, 중간, 끝자락?

주동선상에는 일반적으로 초입, 중간, 끝자락이라는 구분점이 생깁니다. 소형 미용실을 창업할 경우, 동선의 어느 위치에 자리 잡는 것이 가장 유리할지를 판단해야 합니다. 대부분의 상점은 주로 사람들의 첫 시선과 발길이 모이는 초입에 자리 잡습니다. 하지만 반드시 초입만이 좋은 자리는 아닙니다. 중간이나 끝자락에서도 주변 상권 내 특정 상점들과의 조화나 구조적인 특징에 따라 큰 장점을 가질 수 있습니다.

따라서 공간 배치와 입지 효과를 최대로 끌어내려면 단순히 초입에만 집착하지 말고, 실제로 현장에서 관찰하며 결정을 내려야 합니다. 책상 위에서 이론만으로 최고의 입지를 선정하기는 어렵습니다. 이상적으로 보이는 입지 조건도 현장에서 직접 관찰했을 때 기대했던 것과 다를 수 있습니다. 현장에서 실제 유동인구가 어떻게 흐르고 있는지 확인해야 합니다. 상점을 찾을 때는 다음의 사항들을 눈여겨보세요.

1) 집객력이 높은 점포 근처

대형 프랜차이즈 매장, 예를 들면 유명 커피 전문점이나 대규모 할인마트는 사람들을 끌어당기고 모으는 역할을 합니다. 따라서 해당 매장의 근처에 위치한다면 더 높은 유동인구를 끌어들일 가능성이 큽니다. 이러한 집객력이 높은 점포는 고객의 머무는 시간을 늘리고, 자연스럽게 주변 상가들의 방문율을 높이는 효과를 만듭니다.

2) 시간대별 유동인구 조사

장소의 입지가 아무리 좋아 보이더라도, 특정 시간대에만 유동인구가 몰린다면 매출에 한계가 생길 수 있습니다. 아침, 점심, 저녁 등 시간대별로 고객 흐름을 관찰해 꾸준히 인구가 흐르는 곳인지 파악해야 합니다. 이를 통해 단순히 겉으로 보이는 유동인구가 아닌 안정적인 매출을 낼 수 있는 입지를 찾을 수 있습니다.

✂ 소형 미용실 전략

대형 미용실의 경우 규모의 경쟁력을 바탕으로 사람들이 많이 몰리는 주동선 상 주요 지점을 선점하는 데 초점이 맞춰집니다. 하지만 소형 미용실은 이를 모두 따라 하기 쉽지 않으니, 차별화된 전략이 필요합니다.

1) 특정 고객층 타기팅

모든 유동인구가 아닌, 특정 유효수요가 집중된 곳을 노릴 필요가 있습니다. 예를 들어, 젊은 층을 주 고객으로 삼는다면 대학가 근처의 주동선을, 가족 단위 고객을 겨냥한다면 주택가 중심의 주동선을 탐색해야 합니다.

2) 직접 고객 경로 관찰

사람들이 대중교통에서 내려 실제로 어떠한 경로로 이동하는지 관찰합니다. 이는 경쟁 점포에 고객이 흘러가는 동선과 비교해, 본인 미용실에 더 가까운 동선을 활용할 기회를 발견할 수 있습니다.

✂ 입지는 결국 발품에서 나온다

입지를 선정할 때는 지역 현장을 직접 탐방하며 발품을 팔아야 합니다. 데이터 분석만으로는 동선의 숨은 특징을 놓치기 쉽습니다. 주변 상권 분석, 시간대별 이동 패턴, 대중교통 이용 흐름, 집객력 높은 상점 위치까지 모두 종합해서 판단을 내려야 합니다.

결국, 입지 선정의 성공 여부는 얼마나 꼼꼼히 주동선을 분석하느냐에 달려 있습니다. 창업이라는 도전은 철저한 계획과 실행력을 필요로 합니다. 유효수요가 머무는 동선 위에, 고객이 자연스럽게 여러분의 미용실을 발견할 곳을 찾아 보세요.

9-4. 소형 미용실 자리 찾기

미용실 창업을 계획 중이라면, 반드시 지렛대의 원리를 활용할 수 있는 자리를 고려해야 합니다. 여기서 말하는 지렛대란 바로 직원을 의미합니다. 이는 소형 미용실, 즉 직원 1~2명을 둔 상태에서 운영되는 미용실을 염두에 둔 이야기입니다. 그 이유는 미용실의 매출 구조를 조금만 깊이 들여다보면 명확하게 드러납니다.

✂ 미용실은 어떻게 수익을 낼까?

미용실이 수익을 내는 구조를 이해하기 위해 한 가지 예를 들어 보겠습니다. 1층에 위치한 12평 규모의 미용실, 경대가 4개 있고, 원장 1명과 직원 1명이 근무하고 있다고 가정하고, 이 미용실의 월 매출은 약 1,200만 원으로 가정합니다. 이를 기준으로 현실적인 수익 구조를 상세히 살펴보겠습니다. 미용실의 매출은 고객이 지불한 서비스 금액에 의해 구성됩니다. 원장이 직접 서비스를 제공해 600만 원의 매출을 올리고, 직원이 나머지 600만 원의 매출을 올리고 있다고 가정하겠습니다.

✂ 비용 구조

매출이 곧바로 이익으로 연결되는 것은 아닙니다. 모든 사업체처럼 미용실도 여러 가지 비용이 발생합니다. 여기에서 일반적으로 발생하는 임대료, 인건비, 재료비, 공과금, 기타비용으로 분류하였습니다.

1) 임대료

가장 큰 고정비용 중 하나는 임대료입니다. 12평 매장은 지역이나 위치에 따라 다르지만, 도심지라면 보통 월 100만 원에서 300만 원 이상일 수 있습니다. 예를 들어, 이 미용실의 임대료를 월 150만 원으로 가정해 보겠습니다.

2) 인건비

직원의 급여는 미용실 운영의 중요한 부분입니다. 보통 직원은 자신이 올린 매출의 일정 비율(예: 40~50%)을 인센티브로 받습니다. 600만 원의 매출을 올린 직원에게 50%의 인센티브를 지급한다고 가정하면, 직원 급여는 300만 원이 됩니다. 추가적으로 4대 보험 비용의 일부(국내 기준)를 사업주가 부담해야 할 수도 있습니다.

3) 재료비(소모품)

염색제, 펌제, 샴푸 등 다양한 소모품이 지속적으로 사용됩니다. 보통 매출의 7~10% 정도가 재료비로 들어간다고 볼 수 있습니다. 이 경우 매출 1,200만 원의 10%를 재료비로 계산하면 120만 원 정도가 소요됩니다.

4) 공과금(전기, 수도, 가스 등)

작은 미용실이라도 조명, 에어컨, 헤어드라이어, 세탁기 등을 사용하는 데 전기와 수도 요금이 발생합니다. 이를 월 평균 30~50만 원으로 추정할 수 있습니다. 여기서는 40만 원을 적용하겠습니다.

5) 기타 비용

간판 제작 및 유지, 청소비, 회계나 세금 신고 비용, 간식비, 영업 소모품, 마케팅 비용(광고, SNS 프로모션) 등 예상치 못한 잡비가 있습니다. 여기서 월 30만 원 정도를 추가로 가정해 보겠습니다.

✂ 수익 구조 분석

이제 위의 내용을 바탕으로 이 미용실의 매출과 비용을 정리해 보겠습니다.

항목	금액(월): 만 원
총매출	1,200
임대료	150
직원 급여	300
재료비	120
공과금	40
기타 비용	30
총비용	640

1) 순수익

총매출(1,200만 원)에서 총비용(640만 원)을 제외하면 남는 금액은 560만 원입니다. 이는 미용실 전체의 순수익입니다. 즉, 원장이 직접 서비스한 매출 부분이 순수익입니다. 다만, 원장은 경영 책임자이기 때문에 위에서 언급하지 않은 추가적인 부담(사업운영 시간, 경영 스트레스, 법적 책임 등)이 있다는 점은 고려해야 합니다.

2) 직원 1~2명 운영이 가능한 입지 선정의 중요성

지렛대 원리가 제대로 작동하려면, 미용실이 위치한 지역의 유효수요가 직원 1~2명을 수용할 수 있을 만큼 충분해야 합니다. 이러한 유효수요란 단순히 사람이 많은 곳만을 의미하는 것이 아닙니다. 소비 의향과 구매력이 있는 고객층이 지속적으로 방문할 가능성이 높은 지역을 뜻합니다. 지금부터 몇 가지 핵심 조건을 통해 이러한 입지를 파악하는 방법을 살펴봅시다.

✂ 성공적인 미용실 입지 선정의 3가지 기준

1) 유효수요가 풍부한 아파트 상권에 주목하라

주거지 주변에서 성공 가능성이 높은 미용실은 대부분 아파트 단지가 밀집된 상권에 위치합니다. 아파트 밀집 지역은 안정적이고 장기적인 고객 기반을 확보하기 쉽습니다. 특히 30~40대 여성 고객을 주요 타깃으로 삼는다면, 이들이 거주하는 대규모 아파트 단지가 최적의 입지가 될 수 있습니다. 이 고객들은 시간과 거리에 민감하지 않으며, 정기적으로 미용실을 찾는 충성 고객이 될 가능성이 큽니다.

이때 단순히 아파트가 많은 곳을 선택하기보다는, 소비 수준과 생활권역의 특성을 세심히 분석해야 합니다. 주변 경쟁 매장의 수, 매장의 특성과 평판 등을 조사하여 내가 개점하려는 미용실이 차별화된 강점을 발휘할 수 있을지 판단하는 것이 중요합니다.

2) 주동선을 파악하고 입지를 선점하라

미용실의 위치는 그 자체로도 마케팅이 됩니다. 특히 주동선 주요 보행 및 차량 동선에 미용실을 자리 잡는 것은 성공으로 가는 중요한 열쇠 중 하나입니다. 많은 사람들이 자주 지나치는 길목이나 쉽게 눈에 띄는 1층 매장은 계속해서 신규 고객을 유입시킬 가능성이 높습니다. 반면, 다소 저렴한 임대료만을 고려하여 주요 동선에서 떨어진 곳에 입점할 경우 유효수요가 줄어들어 오히려 매출 감소로 이어질 위험이 큽니다.

입지를 선정할 때는 보행자의 주요 이동 경로 외에도 버스, 지하철과 같은 대중교통 접근성을 확인해야 합니다. 더불어, 고객들이 미용실을 방문할 때 차량 이동이 잦은 지역이라면 주차 공간 확보가 가능한 상권을 선택하는 것도 필수적입니다.

3) 직원 1~2명 운영 조건과 창업 비용 간의 균형을 맞춰라

미용실 창업 초기에는 원장의 매출이 전체 수익을 좌지우지하므로,

일정 수준의 초기 비용은 피할 수 없습니다. 하지만 부담이 되는 창업 비용만을 무조건 피하려다 보면, 유효수요가 충분하지 않은 지역에 입점할 가능성이 커집니다.

따라서 창업 초기 높은 임대료 또는 권리금을 내더라도, 직원 1~2명을 운영 가능한 수준의 유효수요를 만족시킬 수 있는 지역에 투자해야 합니다. 높은 창업 비용은 당장은 부담이 될 수 있지만, 안정적이고 장기적인 수익 구조를 구축하기 위한 필요한 비용으로 봐야 합니다.

> **핵심 요약!**
> - 유효수요가 풍부한 상권에 집중하라.
> - 핵심 주동선에 위치한 자리를 확보하라.
> - 직원 1~2명을 운영할 수 있는 매장 규모와 유효수요를 만족시키는 장소를 선택하라.

미용실 창업의 성공은 단순히 기술만으로 이뤄지지 않습니다. 그 시작은 효율적인 입지 선정, 그리고 이를 통해 고객과 수익 구조를 형성하는 데 있습니다. 고객이 끊이지 않는 지역에 미용실을 오픈하여 성공적인 첫 발걸음을 내딛기를 바랍니다.

10
미용실 마케팅

    미용실 창업에 있어 성공적인 첫발을 내딛기 위해서는 좋은 상권, 인테리어, 뛰어난 기술력뿐만 아니라 잠재 고객에게 효과적으로 다가갈 수 있는 마케팅 전략이 반드시 필요합니다. 특히, 오늘날의 마케팅은 온라인 중심으로 변화하고 있으며, 오프라인 매장을 운영하더라도 온라인 마케팅은 고객 유치와 매출 상승에 있어 중요한 역할을 차지합니다. 이제는 단순히 좋은 서비스를 제공하는 것만으로는 부족합니다. 고객은 정보를 검색하고 비교하며, 만족할 만한 선택을 하기 위해 다양한 의견을 참고합니다. 이를 잘 이해하고 활용하는 것이 바로 성공적인 미용실 경영의 첫걸음입니다.

    인터넷이라는 광범위한 플랫폼을 활용해 잠재 고객과 연결하고, 고객을 매장으로 유도하며, 브랜드 이미지를 구축하는 데 효과적인 도구입니다. 검색 엔진 마케팅, 소셜 미디어 마케팅, 콘텐츠 마케팅 등 다양한 방식으로 나뉘며, 각각의 특성과 장점을 이해한 뒤 적절히 활용하는 것이 중요합니다. 무엇보다 이러한 방식들이 고객의 관심을 끌고, 매장으로 발걸음을 연결시키며, 향후 단골 고객으로 이어지게 만들기 위한 중요한 전략임을 명심해야 합니다.

✂ 마케팅의 종류

1) 검색 엔진 마케팅(SEM): 네이버, 구글

고객이 특정 키워드로 검색할 때 검색 결과 상단에 광고를 노출시키는 방법입니다. 관련 키워드에 입찰하여 광고를 배치하며, 클릭형 광고(CPC)로 운영됩니다. 국내에서는 네이버와 구글의 검색 광고가 주요 플랫폼으로, 상단에 노출된 광고는 고객에게 신뢰감을 주고 문의 및 예약으로 연결될 가능성을 높입니다.

2) 소셜 미디어 마케팅: 페이스북, 인스타그램, 유튜브

플랫폼에서 진행되는 마케팅 활동으로, 해당 채널의 특징을 기반으로 고객과 소통하고, 방문 유도 및 매출 증가를 목표로 합니다. 특히, 인스타그램은 이미지 중심의 플랫폼으로 미용실과 같은 비주얼 중심 산업에 매우 적합하며, 유튜브는 스타일링 방법이나 시술 후기와 같은 콘텐츠를 통해 신뢰와 관심을 끌어올리는 데 강력한 도구가 될 수 있습니다.

3) 콘텐츠 마케팅: 블로그, 유튜브, 인스타그램

유용한 콘텐츠를 제작해 게시하는 방식으로, 고객에게 필요한 정보를 제공하며 자연스럽게 미용실의 서비스와 전문성을 홍보할 수 있습니다. 예를 들어 '2024년 유행 헤어스타일'이나 '내 얼굴형에 맞는 헤어스타일 추천'과 같은 콘텐츠는 잠재 고객이 흥미를 느끼고 관심을 가질 수 있는 주제입니다. 이러한 콘텐츠를 통해 고객은 미용실에 대해 친근감을 느끼고, 전문성을 인식하게 됩니다.

4) 기타 온라인 마케팅

이에 더해, 이메일 마케팅, 인플루언서 마케팅, 리뷰 마케팅 등 특정 고객층을 타깃으로 한 다양한 방법도 선택할 수 있습니다. 고객층의 연령, 생활 패턴, 디지털 사용 빈도 등을 고려해 적절한 마케팅 채널을 선택하고 실행하는 것이 중요합니다.

10-1. 미용실 오프라인 마케팅

✂ 미용실 오프라인 마케팅의 종류와 구체적인 실행 방안

미용실을 창업하고 성공적으로 운영하기 위해서는 단순히 기술력만으로는 부족합니다. 고객이 미용실을 방문하도록 유도하려면 효과적인 마케팅 전략이 반드시 필요하고, 오프라인 마케팅은 고객과 직접적으로 접점을 만들 수 있는 중요한 방법 중 하나입니다. 여기에서는 미용실에서 활용할 수 있는 오프라인 마케팅 방법들을 구체적으로 살펴보겠습니다.

1) 홍보물 활용: 전단지와 명함 배포

전단지와 명함은 전통적인 마케팅 수단이지만, 목적과 타깃을 명확히 한다면 여전히 효과적인 방법입니다.

효과적인 전단지 제작에는 간결하면서 시선을 끄는 디자인이 핵심입니다. 가독성 높은 폰트와 눈길을 끄는 사진을 활용하고, 명확한 혜택을 강조하세요. (예: "첫 방문 30% 할인")

미용실 근처의 주요 유동인구가 많은 장소가 최적의 배포 장소입니다. 특히, 근처 카페, 학원, 주민센터, 대형마트 혹은 병원 등 미용실의 주 고객층이 방문할 가능성이 높은 곳에서 전략적으로 배포하세요.

명함은 단순한 연락처 전달이 아닌, 고급스러운 디자인 명함으로 브랜딩 측면을 강화하세요. QR코드를 삽입해 온라인 예약이나 SNS 계정으로 연결되도록 하세요. 고객 방문 후, 명함이나 작은 홍보물을 기념품으로 제공하세요. 고객이 친구나 주변 사람에게 추천할 대화의 연결점이 될 수 있습니다.

2) 초기 고객 유입을 위한 프로모션 이벤트

새로 오픈한 미용실이라면 고객 유입을 끌어올리기 위해 오프라인 프로모션 이벤트를 적극 활용하세요. 대표적인 프로모션 아이디어로는 첫 방문 고객 혜택이 있습니다. 예를 들어 첫 이용 고객에게 20~30% 할인, 샴푸 무료 제공 또는 사용이 간단한 헤어 제품을 증정하세요.

소개 이벤트도 생각해 볼 수 있습니다. 기존 고객이 새로운 고객을 소개하면, 두 고객 모두에게 소정의 선물을 제공하는 이벤트를 진행합니다. (예: "친구 소개 시 커트 무료 혜택")

이벤트 제안 시 고객이 단발성 방문으로 끝나지 않게 기획하는 게 중요합니다. 고객이 이벤트를 통해 단기적으로만 이용하지 않도록, 이후에도 계속 방문하도록 유도할 수 있는 서비스를 고민해야 합니다. 예를 들어, 적립 제도를 도입하거나, 재방문 날짜를 확정해 주는 확실한 후속 전략이 필요합니다.

3) 인테리어와 분위기로 경쟁력을 강화

미용실의 첫인상은 고객의 발걸음을 결정짓는 중요한 요소입니다. 내부의 분위기, 청결 상태, 실내 음악 그리고 직원들의 유니폼까지 모든 디테일이 곧 마케팅입니다.

　인테리어 및 작은 소품에도 관심을 갖는 게 필요합니다. 가게 외부에서 내부가 보이도록 하여 안락하고 깨끗한 이미지를 전달하세요. 예를 들어, 트렌드 헤어 사진이나 실시간 진행 중인 이벤트 포스터를 창문에 붙여 알리는 것도 좋습니다.

　미용 전후 사진 촬영 공간을 마련하거나, 고객이 셀카를 찍기 좋은 포토존을 준비하여 참가형 마케팅을 도입하세요. 이를 이용한 고객의 자연스러운 SNS 업로드도 장려됩니다. 또한, 편안한 대기실 공간과 고급스러운 음료를 제공하면 고객의 만족도가 올라갑니다.

　미용실만의 특색 있는 디자인을 적용해 브랜딩 효과를 노리세요. 예를 들어, '북유럽 스타일의 깔끔한 내부'나 '아늑하고 따뜻한 홈카페 분위기'로 콘셉트를 정하면 고객의 기억에 더 오래 남게 됩니다.

4) 고객의 리뷰를 활용한 인지도 확장

　미용실 운영의 핵심은 고객과의 신뢰 구축입니다. 고객의 리뷰와 만족감을 최대한 활용하여 오프라인 마케팅을 실행해 보세요.

　시술 후 고객의 동의를 얻어 변신 전후 사진을 미용실 인스타, 유튜브, 네이버에 올리게 동의를 얻거나 포트폴리오로 꾸며 주세요. 자연스럽게 기술력과 변화를 홍보할 수 있는 좋은 방법입니다.

　"매장을 소개해 주신 고객분들께 소정의 적립금을 제공합니다!" 같은 문구가 적힌 추천 카드를 제공하세요. 고객들은 이를 통해 마케팅에 적극 참여할 가능성이 높아집니다.

친근함이 기억에 남도록 고객의 이름을 기억하고, 재방문 시 직접 불러 준다면 신뢰가 쌓입니다. 이는 입소문 마케팅의 기초가 될 수 있습니다.

5) 지역 커뮤니티와 협력

적극적으로 지역 사회와 연계하여 미용실의 인지도를 올리고, 친근한 이미지를 만들어 보세요. 동네 맘카페와 협업하여 오프라인 행사에 무료 커트 봉사, 또는 스타일링 제품 제공은 주민들과 신뢰를 쌓는 효과가 있습니다.

근처 카페, 꽃집 등 동네 가게들과 제휴를 맺고 상호 홍보를 할 수 있습니다. 예를 들어, "미용실 방문 시 ○○카페 음료 할인 쿠폰 제공"과 같은 방안은 상호 간의 고객 끌어들이기에 유리합니다.

특별한 날(밸런타인데이, 어버이날)에는 '무료 헤어스타일링 체험'과 같은 이벤트를 열어 고객들의 발길을 유도하세요.

자격증, 참가했던 유명 워크숍 등 미용실이 보유한 전문 경력이 잘 보이도록 매장이나 팸플릿에 자연스럽게 배치해 두세요. 전문성을 강조하여 미용사의 기술력 홍보는 고객의 신뢰를 높이고 미용실 방문율 증가에 직접적인 도움이 됩니다.

오프라인 마케팅은 고객과의 직접적인 접촉을 통해 깊은 신뢰를 쌓을 수 있는 수단입니다. 앞서 소개한 다양한 방법은 단기적인 이벤트뿐만 아니라 장기적인 고객 충성도와 유입률을 높이는 데 중점을 두고 설계해야 합니다. 미용실의 특색에 맞는 전략을 적절히 조합하여 실행해 보세요. 종합적이고 체계적인 오프라인 마케팅이 성공적인 미용실 창업의 디딤돌이 될 것입니다.

✂ 실전 경험 사례

1) 전단지와 판촉물: 머리끈의 숨겨진 힘

일반적으로 미용실 홍보를 위해 전단지를 나눌 때, 대부분의 사람들은 그저 전단지만 전달합니다. 하지만 단순히 종이 한 장만 건네는 것보다는 실용적인 판촉물을 함께 전달했을 때 훨씬 높은 주목도와 효과를 거둘 수 있었습니다. 다양한 판촉물(물티슈, 밴드, 부채, 등등)을 통해 경험을 했지만, 가장 효율적이었던 판촉물은 바로 머리끈입니다.

머리끈은 특히 여성 고객들에게 실용적입니다. 크기가 작고, 비용도 저렴하며, 무엇보다 고객이 실제로 사용하는 물건이기 때문에 미용실

이름을 자연스럽게 기억할 수 있는 점이 큰 장점입니다. 머리끈 패키징에 미용실 이름과 로고, 간단한 문구(예: "당신의 아름다움을 책임지는 ○○미용실" 등)를 넣으면, 단순히 홍보를 넘어 브랜드 이미지를 강화하는 데도 효과적입니다.

2) 입소문을 부르는 이벤트: 선착순 줄 세우기 전략

신규 미용실에서 브랜드를 알리는 가장 강력한 방법은 바로 입소문 마케팅입니다. 제가 시도했던 최고의 전략은 '하루 10명에게만 1,000원 커트 제공'이라는 줄 세우기 행사였습니다.

이 전략이 효과적이었던 이유는 크게 세 가지입니다.
- ◆ 이벤트의 희소성: 하루 단 10명에게만 제공하는 한정된 혜택은 사람들의 관심과 참여를 유도합니다.
- ◆ 입소문 전파 효과: 1,000원 커트를 받은 고객은 자연스럽게 이 미용실에 대해 이야기를 나누게 됩니다. 그들이 친구나 가족에게 "여기에서

커트를 정말 싸게 받았어."라고 이야기하면서, 미용실에 대한 정보가 빠르게 전파됩니다.

◆ 눈에 띄는 장면 연출: 줄을 선 고객들의 모습은 지나가는 사람들에게 큰 호기심을 자극합니다. "저 사람들은 왜 줄을 서 있을까?"라는 관심을 불러일으키며 자연스럽게 미용실 홍보로 이어집니다.

이 이벤트는 미용실의 오픈 후 첫 2주간과 같이 초기 홍보가 중요한 시기에 시행하면 효과적입니다. 고객 대기를 효율적으로 관리하기 위해 번호표 시스템을 활용하거나, 적극적으로 고객 차례를 안내하는 직원 배치를 추천합니다. 추가적으로 커트를 받은 고객에게 재방문 유도를 위해 다음 커트 시 사용할 수 있는 10% 할인 쿠폰을 증정하면 단기 매출 증대로도 이어질 수 있습니다.

3) 인근 자영업자를 위한 특별 판촉물: 전단지+종량제 봉투

지역 사회에 뿌리를 내리고, 주변 상인들과의 관계를 구축하는 것은 매우 중요합니다. 특히, 미용실 주변에 위치한 자영업자야말로 잠재적 단골 고객이 될 수 있는 대상입니다. 그들에게 단순히 전단지만 건네는 것이 아니라, 생활에 실질적으로 도움이 되는 종량제 봉투를 함께 제공했을 때 놀랄 만큼 긍정적인 반응을 얻었던 경험이 있습니다. 종량제 봉투는 자영업자들에게 실용적일 뿐만 아니라, 미용실을 기억하게 하는 독특한 판촉물로 작용합니다. 제공할 때 예의를 갖춰 "저희 미용실이 새로 문을 열었습니다. 앞으로 잘 부탁드립니다."라고 인사를 건네면, 멋진 첫인상을 남길 수 있습니다.

종량제 봉투는 생활 속 필수품으로, 다른 판촉물보다 활용도가 높습니다. 받은 사람이 무심코 버릴 가능성이 낮습니다. 자영업자들은 지역 정보 네트워크가 잘 형성돼 있어, 이를 통해 다른 사람들에게 미용실 정보를 추천할 가능성도 커집니다. 제공하는 봉투에 미용실 스티커를 붙여, 브랜드를 더욱 각인시키는 것도 좋은 방법입니다. 종량제 봉투 외에도 주변 상권의 고객 특성을 고려해 작은 텀블러, 물티슈 등의 아이디어를 변형해서 사용할 수도 있습니다.

성공의 열쇠는 디테일에 달려 있습니다.
위 세 가지 오프라인 마케팅 전략은 제가 미용실을 처음 오픈했을 때 실제로 사용해 봤던 방법들로, 적은 예산으로도 높은 효과를 얻을 수 있었습니다. 중요한 것은 이런 마케팅을 실행할 때 고객의 입장에서 생각하고, 실질적인 가치를 제공하는 판촉물을 선택하는 것입니다.

또한, 각 마케팅 방법에 개인적인 창의력을 더해 자신만의 색깔을 입히면 더 큰 효과를 거둘 수 있습니다. 작은 디테일에 더 많은 정성을 쏟는다면, 여러분의 미용실도 지역사회에서 단단히 자리 잡는 날이 찾아올 것입니다.

10-2. 네이버 스마트플레이스 등록 가이드

✂ 네이버 스마트플레이스 세팅 (2025년 4월 기준)

네이버는 한국에서 가장 많이 사용되는 검색 엔진 중 하나로, 이를 활용한 지역 기반 마케팅은 큰 효과를 발휘할 수 있습니다. 네이버 스마트플레이스는 네이버 지도에서 가게를 검색할 때 고객이 매장 정보와 리뷰를 확인할 수 있는 플랫폼으로, 매장 운영을 시작하는 단계에서 반드시 활용해야 할 서비스 중 하나입니다. 고객은 매장 사진, 영업시간, 메뉴, 가격, 이벤트 등을 확인할 수 있으며, 여기에 매장 리뷰가 추가된다면 신뢰도 역시 크게 상승하게 됩니다.

스마트플레이스 서비스를 통해 네이버 지도에 매장을 등록하면 초기 비용 없이도 손쉽게 온라인에 매장을 노출할 수 있습니다. 등록 과정은 비교적 간단하며, 매장을 오픈하기 전 또는 오픈과 동시에 이루어지는 것이 이상적입니다. 이를 활용하면, '미용실 추천'이나 '내 주변 미용실'과 같은 키워드 검색 결과에 여러분의 매장이 노출될 가능성이 높아지며, 지역 기반의 고객을 자연스럽게 유치할 수 있습니다. 미용실 필수 마케팅인 네이버 스마트플레이스, 예약 세팅 방법에 대해 자세히 다뤄 보겠습니다.

미용실 창업 초기에 온라인 마케팅을 제대로 활용하면 단기간 내에 고객의 눈에 띄고 방문 예약으로 연결될 가능성을 크게 높일 수 있습니다. 중요한 것은 단순한 광고를 넘어 고객의 필요와 흥미를 먼저 이해하고 이에 맞춘 콘텐츠와 홍보 전략을 실행하는 것입니다. 이 장에서는 여러분이 온라인 플랫폼을 중심으로 마케팅을 준비하고 실행할 때 꼭 알아야 할 실질적인 방법과 도구들을 자세히 설명하여, 첫걸음부터 올바른 방향을 잡고 한 단계씩 나아갈 수 있도록 안내하겠습니다.

✂ 1단계 : 네이버 스마트플레이스 접속 및 등록

네이버 검색창에서 '네이버 스마트플레이스'를 검색하여 접속합니다.
'업체 신규 등록' 버튼을 클릭합니다.

서비스 약관에 동의합니다.

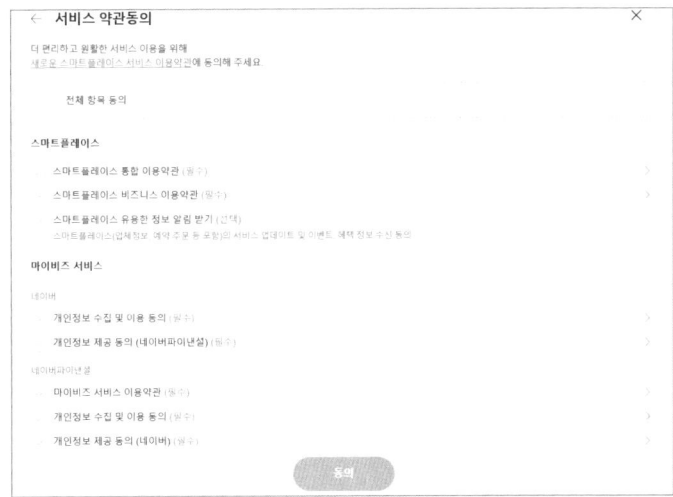

네이버 스마트플레이스 가입 전 사업자 등록증이 준비되어 있어야 하며, 등록증에 기재된 공식 정보를 정확히 입력해야 합니다.

등록 전, 아래 내용을 확인해주세요.

필요서류 안내
생활,편의 > 미용실

- 사업자등록증

서류가 준비되었습니다

업체 등록 참고 사항

✓ 업체정보 등록 후 검수가 필요한 경우 영업일 기준 최대 5영업일이내에 검수결과를 등록하신 메일, 문자로 알려드립니다.
✓ 업체정보 (주소, 전화번호, 상세설명) 외에도 영업시간, 휴무일, 주차, 홈페이지등 다양한 정보를 입력할 수 있습니다. 우리 가게 정보를 꼼꼼하게 입력해주세요
✓ 같은 업체는 중복으로 등록하실 수 없습니다. 중복으로 등록된 업체가 안내 된 경우 도움말을 참고해주세요

확인했습니다.

주의사항
스마트플레이스 등록 처리결과는 신청하신 메일, 문자로만 안내됩니다.
네이버를 사칭하거나 플레이스 업체정보 및 리뷰 관리 목적의 마케팅 전화를 유의해주세요.

**업체 등록을 위해
사업자 정보 확인이 필요합니다.
다음 중 적합한 방법을 선택해 주세요.**

사업자등록증으로 확인
사업자등록증 혹은 고유번호증의 사진을 올려주시면 OCR 기술로 자동으로 입력됩니다.

사업자등록증 없이 확인
별도 서류 준비 없이 네이버페이 마이비즈로 간단하게 사업자정보를 확인할 수 있습니다.

사업자등록증이 없으신가요?   서류 발급 안내 >

✂ 2단계: 기본정보 등록

네이버 스마트플레이스에서 고객들에게 전달되는 첫인상은 '기본정보'입니다. 정확한 데이터를 입력하지 않으면 검색 노출, 신뢰도, 고객 유입에 불이익이 생길 수 있습니다. 아래 항목들을 꼼꼼히 확인해 보세요.

1) 업체명, 업종, 사업자 등록증 정보
- ◆ 업체명: 사업자 등록증에 등록된 이름과 동일하게 입력해야 합니다.
- ◆ 업종: 일반 또는 브랜드 미용실을 선택하세요. 잘못된 업종 선택 시 검색 결과가 제한될 수 있으니 주의하세요.
- ◆ 사업자 등록증 정보: 사업자번호를 입력하며, 등록증의 주소와 일치하는지 반드시 재확인하세요.

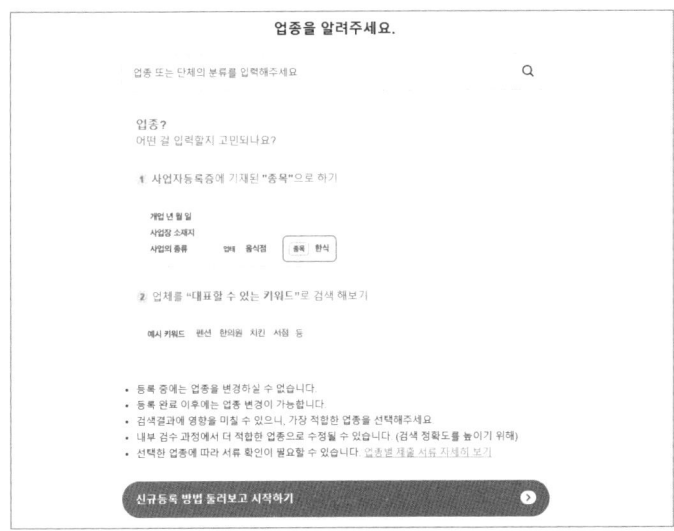

2) 상세설명: 우리 미용실 노출의 핵심

상세설명에는 미용실의 특성과 매력을 육하원칙(누가, 언제, 어디서, 무엇을, 어떻게, 왜)을 활용해 작성하세요. 이는 고객이 미용실을 선택하는 중요한 기준이 되며, SEO 최적화에도 도움을 줍니다.

작성 팁

- 누가: 고객을 위한 고퀄리티 전문가 팀인지 강조
- 무엇을: 특화된 서비스와 인기 브랜드 제품 소개
- 어디서: 편리한 위치와 주변 상권
- 어떻게: 고객맞춤형, 트렌드 반영 등 서비스 방식 구체화
- 왜: 뛰어난 고객 후기, 재방문율 등을 근거로 선택 이유 전달

> **샘플 문구**
>
> "신촌역 도보 3분! 트렌디한 감각의 1:1 맞춤 헤어살롱입니다. 프리미엄 염색 제품과 꼼꼼한 시술로 예약 후 재방문율 90%! 여유로운 힐링 공간에서 나만의 스타일을 찾아 보세요."

3) 전화번호: 고객과의 첫 연결고리

- ◆ 전화번호 등록: 사업장 대표 번호를 입력합니다.
- ◆ 스마트콜 설정: 네이버에서 제공하는 무료 통화 서비스로, 초기에 작업한 뒤 플랫폼에서 확인 가능합니다. 고객과의 상담, 예약, 문의를 효율적으로 관리할 수 있는 유용한 기능입니다. 스마트콜이 설정되면 네이버에서 제공하는 무료 광고 혜택이나 통계 기능까지 활용할 수 있습니다.

4) 대표 키워드: 검색 최적화를 이루는 핵심 전략

검색에서 고객이 가장 먼저 보게 되는 영역이 바로 키워드입니다. 키워드 작성은 반드시 전략적으로 접근해야 합니다.

- ▶ 메인 키워드
  - ◆ 지역명(시, 구, 동)+업종 조합이 필수입니다.
  - ◆ 예: 신촌 미용실, 마포구 미용실, 성북구 왁싱

- ▶ 서브 키워드
  - ◆ 우리 미용실만의 차별화된 서비스를 1~2개 덧붙입니다.
  - ◆ 예: 뿌리염색 전문, 볼륨매직 전문, 남성펌 전문

이상적인 키워드 수는 총 3~5개 수준으로 유지하세요. 키워드가 많아지면 검색 정확도가 낮아질 가능성이 있습니다.

5) 주소: 고객의 발길을 이끄는 길잡이

업체 주소는 반드시 사업자 등록증 상의 주소와 동일해야 합니다. 지도상 검색 결과와 일치하도록 네이버가 확인 작업을 진행하니 주소를 꼼꼼히 입력하세요.

6) 찾아오는 길: 직관적이고 간편한 안내 제공

정확한 지번·도로명주소를 입력하세요. 찾아오는 길에서는 대중교

통과 자동차 이용 고객 모두를 배려해야 합니다.

- ◆ 대중교통: 가장 가까운 지하철역, 버스정류장 이름을 기준으로 안내
- ◆ 자동차: 내비게이션 안내에 유용할 만한 큰 건물이나 랜드마크를 기준으로 설명
- ◆ 예: 홍대입구역 3번 출구 도보 5분, ○○편의점 맞은편 2층

7) 기본정보 저장 및 확인

모든 정보를 정확히 입력했다면 저장 버튼을 눌러 등록을 완료하세요. 이후 네이버 측에서 검토 승인을 진행하며, 1~2일 정도 소요될 수 있습니다. 등록이 승인되면 내 미용실이 네이버 지도와 검색에서 노출 첫 단계가 완료됩니다.

▶ 작성 시 주의할 점
◆ 정확한 정보만 입력할 것: 사업자 등록증과 상호 불일치 시 등록이 반려됩니다.
◆ 이후 수정 가능: 운영 후 잘못된 정보나 변경사항이 생기면 언제든지 수정 가능합니다.
◆ 꼭 본인의 비즈니스 소개를 차별화: 동일한 키워드는 많지만 정성스럽고 차별화된 설명은 고객의 클릭을 이끄는 결정적 요소입니다.

3단계: 부가정보 등록

 네이버 스마트플레이스에 부가정보를 꼼꼼히 등록하는 것은 잠재고객들에게 신뢰를 주고, 검색 노출의 품질을 높이는 중요한 작업입니다. 부가정보 등록은 고객들에게 여러분의 미용실이 어떤 시설과 서비스를 제공하는지, 얼마나 접근 편리성이 있는지, 그리고 결제 및 기타 이용 안내가 명확히 제공되는지 보여 줄 수 있는 절호의 기회입니다. 다음은 부가정보 등록 시 꼭 확인해야 할 주요 과정과 함께 실수를 방지할 수 있는 팁입니다.

1) 제공하는 시설을 모두 선택
 여러분의 미용실에서 제공하는 다양한 시설이나 서비스를 정확히 등록해 주세요. 예를 들어, '헤어세팅 존', '드라이 존', '메이크업 서비스 공간', '보조 서비스 룸(마사지 의자가 있는 휴식 공간 등)'이 있다면 이를 빠짐없이 체크하는 것이 중요합니다. 고객의 기대치를 높이지 않기 위해 제공하지 않는 서비스는 절대 선택하지 마세요. 불필요한 오해를 사는 일이 발생할 수 있습니다.

2) 우리 업체를 표현할 수 있는 테마 선택(최대 3개)

미용실의 분위기와 스타일을 설명할 수 있는 테마를 선택해야 합니다. 이는 잠재 고객들이 여러분의 미용실을 훨씬 직관적으로 이해하게 하며, 브랜드 이미지에도 큰 영향을 줍니다.

업체를 표현할 수 있는 테마는 최대 3개까지 선택 가능합니다. 미용실의 분위기와 특징을 잘 나타내는 키워드를 신중하게 선택하세요. 예를 들어 '고급스러운', '트렌디한', '아늑한', '가족 친화적인' 등의 키워드는 미용실의 분위기를 전달하고, '남성 전문', '여성 전문', '어린이 전문', '1인 미용실' 등의 키워드는 특정 고객층을 타기팅하는 데 효과적입니다. '두피 클리닉 전문', '염색 전문'과 같이 전문성을 강조하는 키워드도 활용할 수 있습니다.

3) 주차 및 발레파킹 가능 여부

오늘날 시설 선택의 중요한 요소 중 하나는 주차입니다. '주차 가능', '발레파킹 가능' 여부를 반드시 체크하세요. 특히 도심의 경우 주차가 가능하다면 고객에게 큰 신뢰도를 줄 수 있습니다. 미용실과 가까운 공영주차장이나 제휴 주차장이 있다면 주변 주차장 안내 정보를 별도로 텍스트상에 추가하면 더 효율적입니다.

4) 장애인 편의 시설

모든 고객이 더욱 쉽게 접근할 수 있도록 장애인 편의 시설 제공 여부를 체크해야 합니다. 예를 들어 휠체어 진입 가능 여부, 경사로 설치 유무, 넓은 화장실 공간이 포함된 경우 적절히 체크해 주세요. 최근 소비자들은 기업이나 매장의 포용성을 중요하게 생각합니다. 이러한 편의 시설 정보는 고객들에게 좋은 인상을 남길 수 있습니다.

```
주차 위치 등 상세 안내

주차 위치, 발렛파킹 안내 등 상세 안내할 내용이 있다면 추가 정보를
입력해 주세요.

                                                    0자/ 400자

업체를 표현할 수 있는 테마를 선택해주세요.
최대 3개 선택 가능

   메이크업    웨딩    네일케어    헤어스파    두피클리닉

   1인미용실   남성전문/바버샵   심야영업   유아전용의자

장애인 편의시설이 있나요?

   휠체어 이용가능   휠체어 이용가능   휠체어 이용가능   장애인
      출입구          화장실           좌석         주차구역

이용가능한 결제수단을 선택해주세요.

   지역화폐 (지류형)   지역화폐 (카드형)   지역화폐 (모바일형)

      제로페이           간편결제
```

5) 이용 가능한 결제 수단 선택

  현대 소비자들은 결제 방법의 다양성을 중요하게 생각합니다. 현금뿐 아니라 카드, 간편 결제(네이버페이, 카카오페이 등), 제휴 포인트 결제 등 가능한 모든 결제 수단을 정확히 체크해 주세요. 특히 QR코드 결제, 모바일 간편 결제 등을 지원하면, 젊은 고객층에게 어필할 수

있습니다. "미용실은 현금만 가능하다."라는 편견을 깨고 다양한 결제 방식을 제공하세요.

6) 운영 중인 홈페이지, SNS, 커뮤니티 정보

공식 홈페이지 또는 네이버 블로그, 인스타그램, 페이스북 계정 등 고객들이 간편하게 소통하거나 매장 정보를 확인할 수 있는 플랫폼 정보를 입력하세요. 만약 SNS 계정이나 블로그가 없다면 이 기회에 꼭 개설하세요. 특히 네이버 블로그는 네이버 스마트플레이스와 연동되기 때문에 노출과 검색에서 유리합니다. 고객이 방문 후기를 남길 수 있는 소통 창구를 제공하면 장기적으로 더 큰 효과를 기대할 수 있습니다.

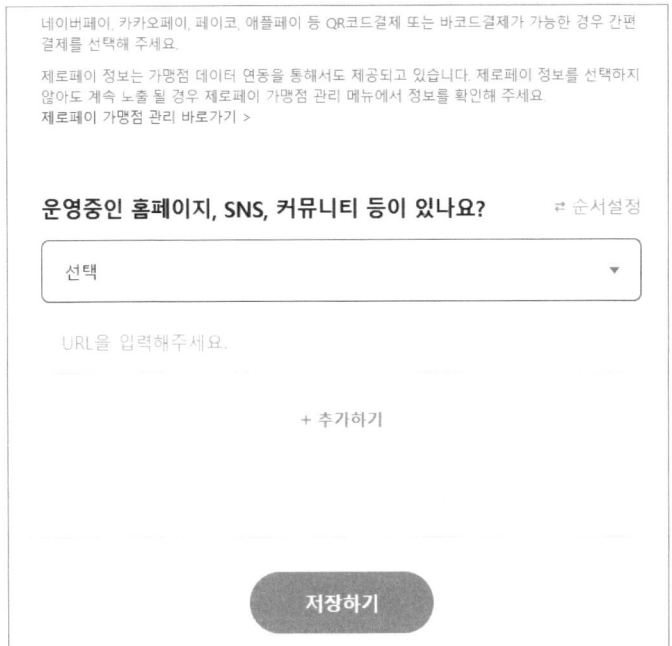

7) 추가로 고려할 사항: 놓치기 쉬운 항목들

부가정보 등록 과정에서 종종 빠뜨리기 쉬운 몇 가지 추가 사항들도 꼼꼼히 신경 써야 합니다.

- ◆ 영업시간 정보 갱신: 스마트플레이스의 실시간 업데이트 기능을 이용해 영업시간 변동을 자주 업데이트하세요. 명절, 연휴 등 특별한 영업 정보를 사전에 공지하는 것도 중요합니다.
- ◆ 리뷰와 평점 관리: 네이버 스마트플레이스에 업로드된 리뷰와 고객 평점은 단골을 만드는 데 중요한 요소입니다. 고객 만족도가 높은 서비스를 제공하고, 성의 있는 응답을 남기는 것이 중요합니다.

◆ 매장 사진 추가: 고해상도의 인테리어 사진, 고객이 자주 묻는 공간(예: 접수 데스크, 의자 존, 스타일링 존) 등을 다양하게 등록하여 고객이 방문 전 매장의 분위기를 이해할 수 있도록 합니다.

8) 최종 확인

이 모든 부가정보 단계를 마친 뒤 반드시 '저장' 버튼을 누르는 것을 잊지 마세요. 등록이 완료되면 정보가 반영되기까지 약간의 시간이 걸릴 수 있으니 이후 상태를 체크하고 필요한 항목들을 보완하는 것이 좋습니다. 여러분의 미용실이 검색 상단에 노출되고, 경쟁력을 높일 수 있는 첫걸음은 바로 부가정보를 철저히 등록하는 것입니다!

✂ 4단계 : 스타일정보 등록

스타일정보 등록은 이름과 직책은 예약 시스템의 스타일리스트 정보와 반드시 일치해야 합니다. 이는 대부분의 미용실 CRM 프로그램과 네이버 예약을 연동하려면 반드시 지켜야 합니다.

예를 들어, 스타일리스트 직책이 '디자이너', 이름이 '정수정'이라면, 예약 시스템에도 '디자이너 정수정'으로 동일하게 입력하세요. 그래야 네이버 예약과 고객관리 프로그램이 자동 연동되어 예약으로 등록이 됩니다. 고객이 네이버 스마트플레이스를 통해 매장 정보를 보고 서비스를 마음에 들어 할 수 있도록, 시술 정보를 체계적으로 등록해야 합니다. 아래 항목을 세심히 작성해 주세요.

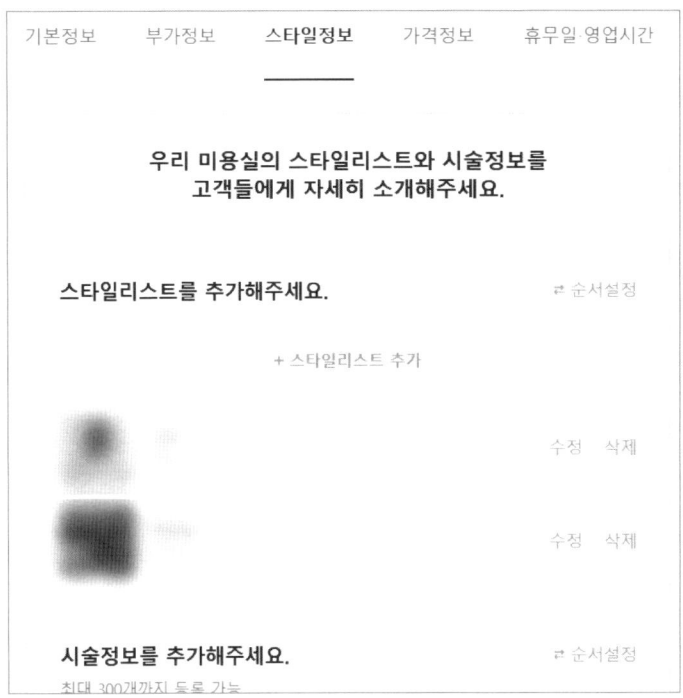

1) 스타일명

고객이 직관적으로 이해할 수 있도록 간략하고 명확한 명칭을 사용하세요. 등록 시, '추가선택'란의 관련 명칭과 일치하도록 기입해 전문성과 명확도를 확보하세요.

2) 카테고리

'커트', '펌', '염색' 등 고객이 예상하는 서비스 종류를 선택합니다. 카테고리를 올바르게 분류하면 고객이 원하는 시술을 더 쉽게 찾을 수 있습니다.

3) 남성·여성·기장 옵션

스타일과 성별, 머리 길이를 세분화하여 체크합니다. 세부 정보 입력은 고객이 자신의 조건에 맞는 서비스를 정확히 선택하도록 돕습니다.

4) 추가 선택 사항

커트는 1개의 추가 선택만 가능하지만, 펌과 염색은 최대 2개까지 복수 선택이 가능합니다. 예를 들어, 고객이 단순히 펌을 원할 수도 있지만, 펌+클리닉(케어)을 병행할 수도 있으니 이 두 가지를 옵션으로 제시하세요.

5) 시술 사진 등록

사진은 고객의 신뢰를 얻는 가장 중요한 홍보 요소입니다. 얼굴 식별이 가능하도록 눈, 코, 입이 포함된 사진을 업로드해 주세요. (단, 모자이크 처리된 사진, 뒷모습만 찍힌 사진은 삭제 대상이 됩니다.)

사진 비율은 정사각형으로 등록하는 것이 가장 보기 좋습니다. 최대 300장까지 사진을 등록할 수 있으니, 최신 스타일 사진을 중심으로 업로드하고, 예전 사진은 적절하게 정리하며 지속적으로 관리하세요.

네이버 스마트플레이스의 시각적 완성도를 높이려면 고화질 사진을 활용하세요. 계절 트렌드에 맞는 최신 스타일 사진을 꾸준히 업데이트하면, 고객에게 신뢰와 신선한 이미지를 줄 수 있습니다.

6) 담당 스타일리스트 지정

서비스별로 책임감을 부여하기 위해 담당 스타일리스트를 반드시 지정해야 합니다. 스타일리스트를 지정하면 고객 문의 시, 명확한 답변과 응대로 이어져 고객의 신뢰감을 높일 수 있습니다.

관리 포인트

서비스 정보와 시술 사진은 고객 흥미를 끌 수 있는 중요 요소입니다. 특히, 꾸준히 업데이트하며 현재 스타일의 트렌드를 반영하는 것이 성공적인 운영의 핵심입니다. 스타일리스트와 시술 정보를 업데이트할 때 번거롭더라도 꼼꼼한 관리가 필수입니다. 고객 경험을 최우선으로 삼아 디테일한 작업을 수행하세요. 항상 고객 입장에서 정보가 충분히 전달되었는지 검토하고, 부족함이 있다면 보완하세요.

최종적으로, 정확한 정보를 제공하는 네이버 스마트플레이스는 잠재 고객의 발길을 사로잡는 강력한 매개체가 될 것입니다.

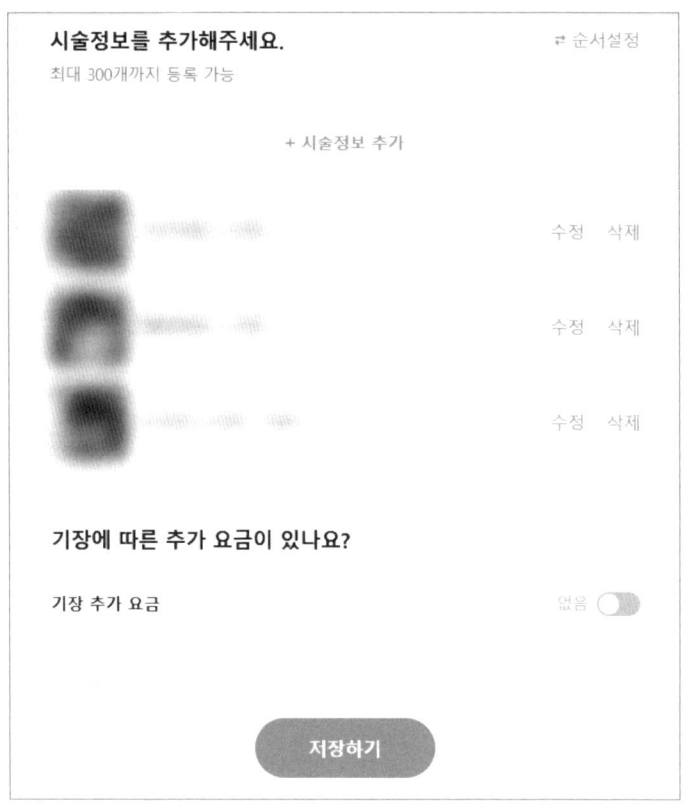

✂ 5단계: 가격정보 등록

가격정보는 고객이 미용실 선택을 할 때 가장 중요한 요소 중 하나입니다. 정확하고 상세한 가격 정보를 제공하면 고객의 신뢰를 얻을 뿐 아니라, 매장의 경쟁력을 효과적으로 알릴 수 있습니다. 그뿐만 아니라, 네이버 스마트플레이스 검색 노출에도 영향을 미칠 수 있으니 반드시 신중하게 작성해야 합니다. 다음은 가격정보를 입력하는 방법과 중요 포인트입니다.

1) 가격표 사진

가격표 사진은 고객에게 매장의 서비스와 가격대를 한눈에 보여 줄 수 있는 중요한 자료입니다.

- ◆ 촬영 팁: 실제 매장에 비치된 시술 메뉴판이나 최신 가격표를 고화질로 촬영하세요. 메뉴판 글씨가 읽기 쉽도록 조명을 밝게 하고, 사진이 흐릿하지 않도록 반드시 초점을 맞춥니다.
- ◆ 업로드 팁: 사진을 업로드할 때는 잡다한 배경 없이 깔끔한 직사각형 형태로 편집하세요. 보기 좋은 가격표 사진은 매장에 대한 전문성과 신뢰감을 더해 줍니다.
- ◆ 업데이트 유지: 가격표는 주기적으로 업데이트해야 합니다. 과거 가격 정보를 올려 두면 고객이 혼란을 겪거나 신뢰를 잃을 수 있습니다. 특히 프로모션이나 할인 이벤트를 시행 중이라면, 이를 명확히 반영한 사진을 올리세요.

2) 시술 가격 정보 입력

네이버 스마트플레이스는 입력된 시술 가격 정보를 검색 결과에 반영합니다. 이 정보는 고객의 검색 단계에서 미용실을 선택하는 중요한 기준이 되므로, 정확하고 체계적으로 입력해야 합니다.

▶ 카테고리 세분화

시술 메뉴를 고객이 이해하기 쉽도록 카테고리별로 세분화하세요.

가격표 (예시)

커트

남성 커트: 15,000원
여성 커트: 20,000원
어린이 커트: 10,000원

염색

전체 염색: 80,000원부터
뿌리 염색: 50,000원부터

펌

일반 펌: 70,000원부터
디지털·세팅펌: 100,000원부터
매직 스트레이트: 120,000원부터

클리닉

기본 헤어 클리닉: 60,000원
프리미엄 클리닉: 150,000원부터

"○○원부터"라고 작성하면 기본 가격 안내와 함께 고객에게 옵션이나 추가 비용 가능성을 간접적으로 전달할 수 있습니다.

▶ 가장 저렴한 가격 노출

네이버 시스템은 입력된 가격 정보 중 가장 낮은 금액을 검색 결과에 자동으로 노출합니다.

전략적으로 저가 서비스(예: 어린이 커트, 뿌리 염색 등)를 설정하고 그 가격이 검색에 노출되도록 기입하세요. 이는 관심도를 높이는 데 효과적입니다. 하지만 실질적인 주요 서비스의 가격도 상세히 입력하여, 고객이 매장 방문 전에 가격대에 대한 충분한 정보를 얻을 수 있도록 하세요.

▶ 추가 비용 안내

기본 서비스에 따라 추가 요금이 발생할 수 있음을 명확히 기입합니다. (예: "머리 길이에 따라 추가 요금이 발생할 수 있습니다(기장 추가: 10,000~20,000원).") 이러한 정보는 고객 오해를 방지하고, 매장 방문 시 생길 수 있는 불만을 줄이는 데 도움이 됩니다.

3) 고객 중심의 가격 정보 작성 팁

▶ 간결성과 명확성 강조

너무 복잡한 설명보다는 이해하기 쉬운 단순 구조로 작성하세요. 예를 들어, "디지털펌(70,000원부터)"처럼 기본 항목 → 가격 순서로 작성하면 고객이 빠르게 정보를 이해할 수 있습니다.

▶ 정확성 유지

불명확하거나 모호한 가격 정보는 고객 불만을 초래할 수 있습니다. 모든 메뉴와 가격을 확인 후 등록하세요.

▶ 예약 유도 문구 추가

가격 정보 작성 시 "온라인 예약 시 할인 혜택 제공"이나 "네이버 예약 고객만의 특별 가격!"처럼 고객이 예약하도록 유도할 수 있는 문구를 추가하면 효과적입니다.

4) 마지막 점검과 업데이트 유지

가격 정보는 단순히 등록 후 방치하는 것이 아니라 지속적으로 관리해야 합니다.

- ◆ 정기적인 점검: 최소 월 1회 가격 정보와 실제 가격이 동일한지 확인하세요.
- ◆ 프로모션 반영: 시즌별 또는 특별 프로모션 가격은 빠르게 반영해야 고객에게 실질적인 혜택을 전달할 수 있습니다.

고객이 스마트플레이스를 통해 매장 정보를 접하고, 명확한 정보를 바탕으로 방문을 결정할 수 있도록 하세요. 올바르고 매력적인 가격 정보 입력이 매출 상승을 이끄는 첫걸음이 될 것입니다.

✂ 6단계: 휴무일과 영업시간 등록하기

네이버 스마트플레이스에 휴무일과 영업시간을 정확하게 등록하는 것은 고객 만족도와 매장 신뢰도를 높이는 중요한 첫걸음입니다. 특히, 이용 고객들이 정확한 정보를 바탕으로 예약하거나 방문할 수 있도록 꼼꼼히 입력해야 합니다. 아래 내용을 참고하여 휴무일과 영업시간을 설정해 보세요.

1) 휴무일은 꼼꼼히 체크

등록 시 착각하기 쉬운 부분 중 하나가 '휴무일'은 매장 전체의 휴무일을 의미하며, 개별 디자이너의 휴무일은 포함되지 않는다는 점입니다.

예를 들어, 월요일은 매장 전체가 쉬는 날로 설정했지만, 디자이너 A는 화요일에 쉬는 경우가 있다면, 디자이너별 휴무일은 별도로 네이버 예약 설정에서 관리해야 합니다. 이 차이를 명확히 구분하여 등록하세요.

만약 매장 이미지와 차별화를 두고자 한다면, '특별 휴무일'을 사전에 공지하거나, 긴급한 휴무가 발생할 경우 업데이트를 게을리하지 마세요. 이는 고객이 원하는 시점에 방문 가능 여부를 판단하는 데 큰 영향을 미칩니다.

2) 영업시간 정확히 입력

영업시간은 매장의 가장 기본적인 정보로, 정확히 입력하지 않으면 고객 유입이 줄고 신뢰도에 악영향을 미칠 수 있습니다.

예를 들어, 평일과 주말의 영업시간이 다르다면 상세하게 기재하세요. "평일 오전 10시~오후 8시, 주말 오전 11시~오후 7시"처럼 세분화된 정보를 제공하는 것이 고객 편의를 돕습니다.

실제 운영 중 예외적인 상황(예: 내부 이벤트로 인해 조기 마감)이 있을 경우, 사전에 네이버 스마트플레이스에서 공지사항 기능을 활용해 알리는 것도 좋은 방법입니다.

> **팁! '혼잡 시간 표시' 사용하기**
>
> 스마트플레이스에서는 매장의 혼잡 시간대를 고객들에게 제공할 수 있는 기능도 있습니다. 고객 방문이 많은 시간대를 표시함으로써 예약이 더 효율적으로 이루어질 수 있습니다. 이 옵션을 적극 활용해 보세요!

3) '새로 오픈했어요' 신청하기

매장을 처음 오픈하는 창업자라면, 네이버 스마트플레이스의 '새로 오픈했어요' 기능을 반드시 활용하세요. 이 기능을 통해 오픈 초기 매장의 인지도를 높일 수 있습니다. 신청 방법은 다음과 같습니다.

우선 스마트플레이스 화면에 접속합니다. 운영도구 메뉴에서 '우리 가게 소개하기'를 클릭합니다. 그 후 '새로 오픈했어요 신청하기'를 클릭한 뒤, 정보를 입력하고 신청을 완료하세요. 단, 이 기능은 개업 후 90일 이내에만 신청 가능하니 반드시 오픈 초기 단계에서 활용하세요.

> **참고: '새로 오픈했어요' 효과 극대화하기**
>
> 이 기능은 단순히 홍보 기능에 그치지 않고, 오픈 초기 방문 후기가 늘어나는 데 도움을 줍니다. 고객들이 방문 후 남긴 첫 리뷰는 이후 매장의 신뢰도를 결정짓는 중요한 포인트이므로, 리뷰 이벤트나 오픈 기념 혜택을 함께 기획해 보세요.

4) 등록 후 주기적인 점검이 중요!

영업시간이나 휴무일 정보는 한번 등록했다고 끝나는 것이 아닙니다. 고객 신뢰도를 유지하려면 정보를 계속해서 최신 상태로 유지해야 합니다.

예를 들어, 설날, 추석 같은 특별 명절 휴무 또는 임시 영업시간 변경사항은 잊지 말고 미리 업데이트해 두세요.

이 과정들을 충실히 따른다면 매장 방문 고객들에게 신뢰를 줄 수 있을 뿐 아니라 온라인에서의 예약 전환율도 자연히 상승할 것입니다. 정확하고 세심한 정보 관리가 고객과 매장을 잇는 다리임을 명심하세요!

✂ 네이버 스마트플레이스 '새소식' 가이드

네이버 스마트플레이스의 '새소식' 기능은 미용실 운영에 있어 효과적인 홍보와 고객 소통을 가능하게 해 주는 강력한 도구입니다. 이 기능을 활용하면 중요한 공지, 이벤트, 세일 정보 등을 생동감 있는 콘텐츠로 고객들에게 전달할 수 있습니다. 다음에서 이 기능의 사용 방법과 활용 팁을 자세히 소개합니다.

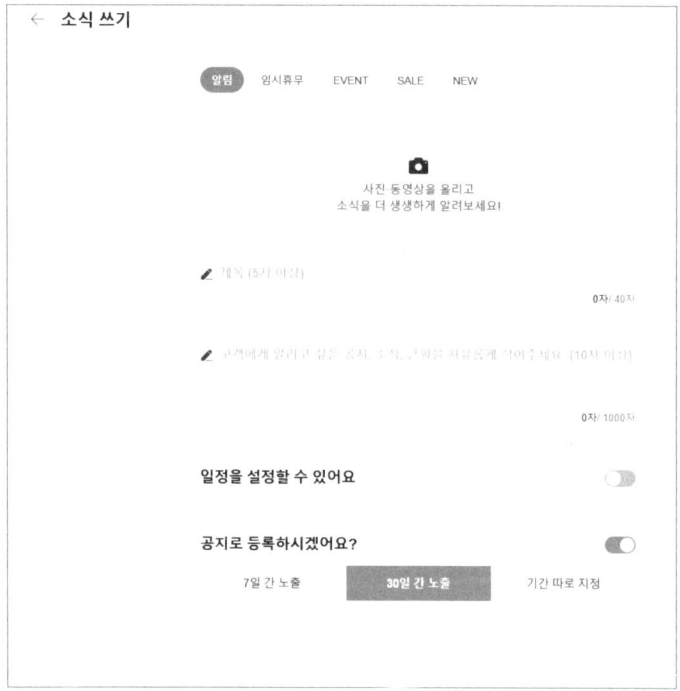

1) 새소식에 활용할 수 있는 콘텐츠
 ◆ 동영상: 최대 2개까지 추가할 수 있습니다. 시술 모습, 이벤트 소개 영상, 또는 매장 내부 투어 클립을 업로드해 생동감 있는 홍보가 가능합니다.
 ◆ 사진: 세련되게 촬영된 결과물, 이벤트 포스터 또는 시술 전후 비교 사진 등으로 시각적인 매력을 높일 수 있습니다.
 ◆ 게시물 수: 홈 화면에 최대 5개까지 노출됩니다. 최신 정보가 고객의 눈에 잘 띄도록 관리하세요.

2) 새소식 입력 방법
 ▶ 스마트플레이스에 접속
 네이버 스마트플레이스에 로그인 후, 메인 화면에서 '우리 가게 이름'을 클릭합니다.

 ▶ 새소식 쓰기 탭 찾기
 가게 페이지로 이동하면 상단 메뉴에 '새소식 쓰기'탭이 보입니다. 해당 탭을 클릭하세요.

 ▶ 게시물 작성 시작
 새소식 쓰기 화면이 열리면 아래 옵션 중 하나를 선택하여 글을 작성합니다.
 ◆ 알림: 고객에게 꼭 전달해야 할 중요한 정보(예: 영업 변경 사항)

- ◆ 임시 휴무: 갑작스러운 휴무일이나 조정된 운영 시간을 알릴 때 적합
- ◆ 이벤트: 미용실에서 진행 중인 특별 행사(예: 시술 예약 시 헤어트리트먼트 무료 제공)
- ◆ 세일: 고객들이 좋아할 할인 혜택 프로모션 정보
- ◆ NEW: 새로운 서비스나 상품을 소개할 때 활용

▶ 콘텐츠 추가

동영상, 사진 등 시각 자료를 추가하면 게시물의 시선을 끌기 쉽습니다. 동영상은 최대 2개, 사진은 여러 장 업로드가 가능하니, 핵심 내용에 맞게 구성하세요. 생동감 있는 이미지나 짧고 매력적인 영상은 고객 참여를 높입니다.

▶ 게시물 관리

작성한 새소식은 최대 5개까지 홈 화면에 노출됩니다. 따라서 최신 정보로 꾸준히 업데이트하며 오래된 게시물은 필요한 경우 숨기는 것도 중요합니다.

3) 새소식 기능의 활용 팁

▶ 주기적인 업데이트로 매장의 활기 전달

고객은 지속적으로 업데이트되는 정보를 통해 해당 매장이 활발히 운영 중이라고 느낍니다. 최소 주 1회는 새소식을 작성해 적극적으로 소통해 보세요.

▶ 시선을 끄는 제목 작성

게시물 제목은 고객의 클릭 여부를 좌우합니다. 예를 들어, 단순히 "이벤트 진행 중"보다는 "[10월 한정] 커트+펌 세트 할인"처럼 구체적으로 작성하세요.

▶ 시간 관리가 중요

점심시간이나 저녁시간처럼 사람들이 스마트폰을 자주 사용하는 시간대에 새소식을 등록하면 효과가 극대화됩니다.

▶ 고객에게 필요한 정보 중심으로 구성

게시물에는 고객들이 알고 싶어 할 정보를 간결하고 명확하게 포함하세요. 예를 들어, 정확한 혜택 기간, 예약 필요 여부, 연락 방법 등을 빠짐없이 기재합니다.

▶ 동영상과 사진은 고화질로

잘 촬영된 고화질 콘텐츠는 고객들에게 더 큰 신뢰를 줍니다. 특히 시술 과정을 담은 콘텐츠는 미용실의 전문성을 보여 주는 데 효과적입니다.

4) 왜 새소식 기능이 중요한가?

현대 고객들은 정보를 빠르게 확인하는 걸 선호합니다. 네이버 스마트플레이스의 새소식 기능은 미용실과 고객 간의 '핫라인'처럼 작동해, 새로운 소식이나 프로모션을 즉각적으로 전달할 수 있습니다. 소식을 꾸준히 업데이트한다면 잠재 고객을 단골로 전환하는 데 큰 도움이 될 것입니다.

위의 과정을 숙지하고 꾸준히 실천한다면, 네이버 스마트플레이스의 새소식 기능을 통해 여러분의 미용실이 고객들의 눈길을 사로잡는 '지역에 꼭 가 보고 싶은 곳'으로 자리 잡을 것입니다.

✂ 등록 신청 완료

등록 신청을 완료하고 저장하시면 등록일로부터 최단 2시간 이후~최장 5일 이내 반영이 되고 네이버에서 검색 시 노출이 되는 것을 확인할 수 있습니다.

모든 미용실 창업자는 성공적인 오픈과 이후 안정적인 운영을 위해서 마케팅 플랜을 철저히 준비해야 합니다. 기존의 작은 자본으로 시작하는 소규모 미용실이라 하더라도 효과적인 마케팅 전략을 세우면 고객 유치를 넘어 지속적인 성장을 이뤄 낼 수 있습니다. 여기서는 미용실 마케팅을 신규 고객 확보, 재방문 고객 유지, 그리고 소개를 통한 고객 확대라는 세 가지 주요 방향으로 정리해서 설명하겠습니다.

1) 신규 고객을 위한 마케팅 이벤트

미용실을 처음 오픈하면 지역 내에서 인지도를 높이고 신규 고객을 확보하는 것이 최우선 과제입니다. 다음은 신규 고객을 유치하기 위한 몇 가지 실효성 있는 마케팅 방법들입니다.

▶ 특별 할인 이벤트 제공

오픈 초기에는 첫 방문 고객에게 할인 쿠폰을 제공하거나 패키지 상품을 기획하여 가격 경쟁력을 강조하세요. 예를 들어, "첫 방문 고객 30% 할인" 또는 "첫 방문 시 클리닉 서비스 무료 제공" 같은 혜택은 고객의 관심을 끌기 좋습니다.

▶ SNS 이벤트와 지역 타깃 광고

인스타그램, 틱톡, 혹은 페이스북 같은 SNS에 게시물을 업로드하고, 지역 주민들만 노출하는 타깃 광고를 진행하세요. 재미있고 감각적인 영상 홍보나 미용실 내부 투어 소개를 통해 감성적인 접근도 가능합니다. 해시태그(#미용실추천 #홍대미용실 등)를 활용해 특정 지역 고객들에게 쉽게 노출되도록 하세요.

▶ 근처 상권과 제휴

근처 카페, 편의점, 또는 다른 소규모 상점들과 쿠폰 제휴를 맺는 것도 좋은 방법입니다. 예를 들어, "이 가게에서 음료 주문하면 미용실 1,000원 할인 쿠폰 제공"과 같은 콜라보 이벤트는 상권과 시너지를 만들어 냅니다.

2) 재방문 유도를 위한 마케팅 전략

미용실의 핵심 매출은 사실 '재방문 고객'에서 나옵니다. 고객이 당신의 미용실에 만족한 뒤 계속해서 머리를 자르러 오도록 만드는 것이 중요합니다. 다음은 재방문을 촉진할 수 있는 방법입니다.

▶ 재방문 예약 시스템 구축

미용을 완료한 뒤, 후속 방문 일정을 즉석에서 제안하세요. 고객의 커트 주기나 스타일링 지속 기간에 맞는 일정을 알려 주고, 당일에 예약하면 작은 할인이나 추가 서비스를 제공하는 방법도 효과적입니다. 예를 들어, "4주 이내 재방문 시 10% 할인 혜택" 같은 제안을 하면 만족도가 높아집니다.

▶ 멤버십 제도 도입

고객 충성도를 높이기 위해 멤버십 제도를 운영해 보세요. 방문 횟수나 소비 금액에 따라 포인트를 지급하고, 이를 할인 혜택으로 전환해 주는 방식입니다. 예를 들어, 5회 방문 시 무료 클리닉 제공 또는 스타일링 무료 쿠폰 같은 혜택입니다.

▶ 네이버 스마트플레이스 적극 활용

고객 예약과 리뷰 관리는 네이버 스마트플레이스를 통해 이루어지는 경우가 많습니다. 고객에게 온라인 예약 편의를 제공하고, 리뷰를 남긴 고객에게 소정의 쿠폰이나 다음 방문 혜택을 주는 방식으로 친밀도를 강화하세요. 리뷰는 신규 고객 유입에도 결정적인 영향을 미칩니다.

3) 소개를 통한 고객 확대 전략

기존 고객이 신규 고객을 만들어 주는 '추천 시스템'을 구축하는 것도 효과적인 방법입니다. 소개로 방문한 고객들은 이미 추천인의 신뢰를 바탕으로 방문하기 때문에 단골 고객으로 전환될 확률이 높습니다.

▶ 추천인 혜택 제공

기존 고객이 다른 사람을 소개했을 때, 양측 모두에게 혜택을 주는 구조를 만드세요. 예를 들어, "친구 추천하면 추천인에게는 30% 할인 쿠폰, 새로운 고객에게는 첫 방문 클리닉 무료!" 같은 구체적인 보상 체계를 마련하세요.

▶ 단골 VIP 고객과의 관계 강화

단골 고객에게는 특별한 혜택을 제공하여 그들만의 VIP 대우를 강조하세요. 고객들이 자연스럽게 소문을 내고 주변 사람들을 데리고 오도록 만드세요. 특정 상품 무료 또는 특별한 스타일링 행사 초대 같은 혜택도 좋습니다.

✂ 추가적으로 고려해야 할 사항

1) 온·오프라인 마케팅의 균형 잡기

온·오프라인 마케팅을 병행해야 고객 확보와 유지라는 두 마리 토끼를 모두 잡을 수 있습니다. 온라인에서 적극적으로 리뷰 관리, 지역 타깃 광고를 진행하는 한편, 오프라인에서는 깔끔한 내부 인테리어와 현장 이벤트를 통해 고객들의 만족도를 극대화하세요.

2) 성공한 원장·디자이너의 인사이트 활용

이미 성공한 미용실 원장이나 디자이너들은 시장 트렌드와 고객 요구에 대한 훌륭한 인사이트를 가지고 있습니다. 그들과의 네트워킹을 통해 진짜 도움이 되는 조언을 얻어 보세요. 예를 들어, 고객 상담 기술이나 스타일링 제안법에 대해서도 배울 점이 많습니다.

3) 계절·이벤트에 따른 마케팅 응용

계절별 이벤트나 특별한 기념일(예: 새해, 졸업 시즌, 밸런타인데이 등)에 맞춘 특별 패키지를 기획하세요. 예를 들어, "졸업생 전용 스타일링 패키지" 같은 마케팅은 시즌 고객 확보에 효과적입니다.

미용실 창업의 마케팅 성공은 신뢰와 관계에서 출발합니다.
가장 효과적인 미용실 마케팅은 결국 신뢰입니다. 고객 한 명 한 명에게 진심으로 다가가며 낮은 진입 장벽(첫 방문 혜택), 높은 재방문 유도율(멤버십과 만족도), 그리고 기존 고객과의 관계를 통한 확장성(추천 시스템)을 구축하면 꾸준하고 안정적인 성장을 이루어 낼 수 있습니다. 마케팅은 단순히 돈을 쓰는 행위가 아니라, 고객과의 만남을 전략적으로 만들어 가는 과정입니다.

 이제 여러분의 미용실이 기억에 남는 공간, 늘 찾고 싶어지는 미용실이 될 차례입니다.

11

오픈 시나리오, 미용실 창업 체크리스트

　미용실 창업을 준비하는 과정에서 체계적인 준비와 꼼꼼한 일정 관리가 중요합니다. 다음은 오픈 1주일 전부터 오픈일까지 필요한 주요 절차와 준비 사항에 대한 상세한 설명입니다. 독자 여러분이 처음 창업을 하더라도, 이 내용을 토대로 명확한 계획을 세울 수 있을 것입니다.

✂ 오픈 1주일 전: 필수 행정 절차 수행하기

1) 오전: 영업 신고증 발급(위생과)

　해당 지역 보건소의 위생과를 방문하여 영업 신고증을 발급받습니다. 이는 미용업의 영업 개시를 위해 반드시 필요한 서류입니다. 신청

시 필요한 자료를 사전에 준비하세요.

* 예: 임대차 계약서 사본, 신분증 등

2) 오후: 사업자 등록증 발급(세무서)

세무서를 방문하여 사업자 등록증을 발급받습니다. 이때 실제 오픈 예정일을 정확히 신고해야 합니다. 등록한 오픈 예정일 이후부터 세금이 부과되므로, 정확한 오픈일 계획에 맞춰 진행하는 것이 중요합니다.

* 예: 오픈 예정일이 2023년 12월 1일이라면, 세무서 방문일은 일주일 전 미리 방문하여 오픈 예정일을 신고합니다.

3) 카드 단말기 회사에 서류 제출

카드 결제를 위해 단말기 설치 계약을 진행합니다. 필요한 서류는 다음과 같습니다.

- ◆ 사업자 등록증(발급 즉시 준비 가능)
- ◆ 통장 사본(사업자 계좌 권장)
- ◆ 신분증(대표자 이름과 동일)
- ◆ 매장 외부 간판 사진
- ◆ 내부 인테리어 사진(3D 도면도 가능)
- ◆ 사업자 명의 휴대폰 번호
- ◆ 매장 유선전화 번호
- ◆ 이메일 주소

✂ 사업자 등록증으로 오픈 전에 준비할 주요 실행사항

사업자 등록증을 발급받은 뒤, 다음과 같은 작업을 진행합니다.

1) 네이버 플레이스 등록 및 예약 시스템 세팅

네이버 플레이스에 매장을 등록하여 고객이 미리 예약할 수 있는 시스템을 구축합니다. 매장 이름, 위치, 영업시간, 사진(내·외부), 서비스 정보 등을 구체적으로 기재합니다.

* 참고: 예약 시스템을 설정하면 특정 시간대에 할인 쿠폰을 제공하여 초기 고객을 유치할 수 있습니다.

2) 수도·전기 요금 계산서 발행 신청

수도 및 전기 공급사에 연락하여 사업자 명의로 요금 계산서를 발행하도록 설정합니다.

* 참고: 기존 거주자·이전 세입자의 명의가 남아 있지 않은지 확인하세요.

3) 인터넷·공과금 등 계산서 발행 신고

매장의 인터넷 설치를 신청하며, 요금은 사업자 명의로 변경합니다. 기타 렌털 서비스도 동일하게 처리해야 합니다.

* 예: POS 시스템, 정수기, 프린터 등

4) 임대료 계산서 발행

건물주에게 사업자 등록증 1부를 제출합니다. 임대료를 공제 가능한 비용으로 처리하기 위해 중요합니다.

✂️ 오픈 1~2일 전 : 최종 점검과 설치

영업 개시 전 마지막 1~2일은 설치 작업과 매장 정리를 집중적으로 진행해야 합니다.

1) 카드 단말기 설치

계약했던 카드 단말기를 매장에 설치하여 테스트를 진행합니다. 고객 결제 과정이 원활하도록 사전에 오류를 점검하세요.

2) 인터넷 설치

POS 시스템을 비롯한 고객 관리 프로그램은 인터넷 연결이 필수적입니다. 빠르고 안정적인 네트워크 환경을 구축하세요.

3) 고객 관리 프로그램 설치

고객 예약, 방문 이력, 멤버십 등을 관리할 수 있는 프로그램을 사전에 준비합니다.

* 추천 프로그램: 네이버 예약, 카카오톡 비즈니스 채널, 웰케어

4) 정수기, 렌털 제품 설치

고객 만족도를 높이기 위해 정수기, 안마 의자 등 렌털 제품 설치를

마무리합니다.

5) 미용기구 설치
가위, 드라이기, 염색 도구, 워터스프레이 등 주요 미용실 도구를 깨끗이 세척 후 위치를 정리합니다.

✂ 오픈 준비: 온라인 마케팅 시작하기

격변하는 미용 시장에서는 오프라인만큼 온라인 마케팅도 중요합니다. 다음과 같은 단계를 따라 효과적인 오픈 홍보를 진행하세요.

1) 네이버와 SNS 플랫폼 구성
- 네이버 플레이스: 위치 기반 검색이 많은 네이버에 매장을 소개합니다.
- 인스타그램: 요즘은 비주얼 콘텐츠가 큰 마케팅 영향을 미칩니다. 미용 관련 전후 사진, 추천 스타일링 팁 등을 정기적으로 업로드하여 잠재 고객을 유인하세요.
- 유튜브: 매장의 특별한 브랜드 스토리, 서비스 과정, 헤어 팁 등을 담은 영상을 제작합니다. '구독'과 '좋아요'를 유도해 장기적인 홍보 채널을 확보하세요.

2) 오픈 이벤트 기획
초기 고객 유치에 중요한 오픈 이벤트를 기획합니다.

예를 들어, 커트 또는 염색 할인, 친구와 함께 방문 시 추가 할인, 리뷰 작성자 대상 경품 지급 등 이벤트 정보를 SNS와 네이버에 적극 알리고, 주변 아파트 주민들을 타깃으로 전단지를 배포하거나 지역 커뮤니티 카페 글을 작성해 참여율을 높입니다.

3) 오프라인 마케팅 시작

기존에 전통적인 마케팅 수단으로 전단지, 쿠폰, 배너, 현수막 등을 활용하여 매장을 홍보하는 것을 말합니다.

위의 내용을 기반으로 꼼꼼히 준비한다면, 첫 창업이라도 큰 어려움 없이 미용실 오픈을 성공적으로 마칠 수 있습니다. 중요한 것은 모든 과정을 일정표로 관리하고, 우선순위를 설정하여 차근차근 완수하는 것입니다. 이 책을 통해 미용실 창업의 길잡이가 되어 드리겠습니다.

체크리스트 정리

준비 기간	주요 작업	필수 서류 및 체크 사항
오픈 1주일 전	사업자 등록, 영업 신고증 발급	사업자 등록증, 통장 사본, 신분증, 매장 사진
오픈 3~5일 전	네이버 플레이스 등록, 공급망 명의 변경	사업자 등록증, 연락처, 임대차 계약서, 사업자 계좌
오픈 1~2일 전	단말기/인터넷/셀프기계/ 음식기구 설치	테스트 및 시스템 작동 확인
오픈 이벤트 준비	네이버, SNS, 유튜브 마케팅	이벤트 홍보 글, 쿠폰 및 이벤트 내용 정리